**Dietmar Bittrich**, Jahrgang 1958, lebt in Hamburg. Er gewann den Hamburger Satirepreis und den Preis des Hamburger Senats. Im Rowohlt Taschenbuch Verlag erschien von ihm u.a. der Bestseller «Alle Orte, die man knicken kann». Seit 2012 gibt er die erfolgreiche Weihnachtsanthologie mit Geschichten rund um die bucklige Verwandtschaft heraus.

Dietmar Bittrich (Hg.)

# Lallende Tanten überall

*So viel Weihnachten mit der buckligen Verwandtschaft war noch nie*

Rowohlt Taschenbuch Verlag

Originalausgabe
Veröffentlicht im Rowohlt Taschenbuch Verlag, Hamburg,
November 2022
Copyright © 2022 by Rowohlt Verlag GmbH, Hamburg
Covergestaltung zero-media.net, München
Coverabbildung Patrick Wirbeleit
Satz aus der Adriane Text
bei Pinkuin Satz und Datentechnik, Berlin
Druck und Bindung GGP Media GmbH, Pößneck, Germany
ISBN 978-3-499-01014-9

Die Rowohlt Verlage haben sich zu einer nachhaltigen Buchproduktion verpflichtet. Gemeinsam mit unseren Partnern und Lieferanten setzen wir uns für eine klimaneutrale Buchproduktion ein, die den Erwerb von Klimazertifikaten zur Kompensation des $CO_2$-Ausstoßes einschließt.
www.klimaneutralerverlag.de

# Inhalt

*Claudia Brendler* **Das Jubiläumskonzert** 7

*Norbert Schnöde* **Nicht aufmachen!** 19

*Stefanie von Wietersheim* **Die schlesischen Tanten** 31

*Sören Sieg* **Sensitiv** 45

*Marie Stadler* **Schneeweiß und Grinchgrün** 59

*Helmut Maaß* **Das pommersche Menü** 75

*Käthe Lachmann* **Du musst alles aufheben!** 89

*Sylvia Witt & Oliver Uschmann* **H 17** 99

*Bettina Rolfes* **Zucchiniblüten** 117

*Matthias Gretzschel* **Winnetous Lichterfest** 127

*Friederike von Bülow* **Mutter kommt zum Essen** 143

*Frederik Jötten* **Die heiligen Schlachtenbummler** 155

*Julia Hackober* **Im Sessellift** 165

*Rainer Guzek* **Taschenlampe und Pfefferspray** 175

*Viktoria Klimpfinger* **Cool bleiben** 183

*Lea Streisand* **Papa ist Joseph** 197

*Larissa Hoppe* **Mein erster Baum** 205

*Dietmar Bittrich* **Lallende Tanten überall** 217

**Die Autorinnen und Autoren** 237

*Claudia Brendler*

# Das Jubiläumskonzert

Erster Advent. Auf Facebook ist die Stimmung schon vormittags weihnachtlich; die üblichen Verdächtigen posten Kerzen statt Katzen oder Katzen mit Kerzen. Eine Musikschulkollegin weist auf ihr heutiges Adventskonzert hin. Blockflöten in einer zugigen Kirche. Und über dem *Kling, Glöckchen, klingelingeling* an der Seitenleiste, das meine Benachrichtigungen anzeigt, leuchtet eine rote Ziffer.

Alex W Punkt und 92 weiteren Personen gefällt ein Foto, auf dem du markiert wurdest. Darunter: Die Danny hat ein Foto, auf dem du markiert wurdest, kommentiert.

Darunter: Lou van Dark hat dich auf einem Foto markiert.

Ein Bühnenfoto. Unscharf, in Grautönen, betitelt mit: Aaawh! Mädels! Erkennt ihr euch noch?

Einigermaßen zu erkennen ist nur Lou, am Mikro, sie fährt sich beim Singen durch die Haare, die damals grün oder blau gewesen sein müssen, ihre Gitarre hängt an ihr und slidet vermutlich am Mikroständer entlang und verursacht wilde Rückkopplungen. Von Alex ahnt man die Umrisse eines Mondgesichts zwischen Hi-Hat und Crash-Becken. Dany und ich liegen auf dem Rücken in unserer Spezialpose, die wir immer gegen Ende des Gigs eingenommen haben: Mit der Gitarre und dem Bass erst auf die Knie fallen und dann den Rücken ganz nach hinten biegen, bis du auf dem Boden liegst, den Arm mit dem steilen Mittelfinger nach oben ausgestreckt, während die

Gitarre wimmert und kreischt und der Bass dröhnt und alles nur noch Lärm ist – was man auf einem Foto selbstverständlich nicht hören kann, aber man spürt es.

Die Danny: Heute müsste der orthopädische Notdienst kommen.

Ich: In welchem Club war das denn? Etwa der verranzte Laden, wo mir die Kakerlake über das Stimmgerät gelaufen ist?

Alex W Punkt gefällt das.

Erst am Nachmittag, während ich für den morgigen Unterricht an der Musikschule unter den Notenbergen im Regal das Gitarren-Weihnachtsbuch von Heinz Teuchert raussuche, dämmert mir, dass ich auch mit den Eltern einiger Schülerinnen auf Facebook befreundet bin und das mit der Kakerlake – obwohl es stimmt – vielleicht meine Seriosität als Gitarrenlehrerin ein wenig beeinträchtigt.

Lou van Dark hat inzwischen geantwortet: Heiligabend 1996, Frauenkulturhaus. Jubiläum!

Keine Ahnung, was sie mit Jubiläum meint.

Das Foto gefällt inzwischen 208 Personen. Auch der Blockflötenkollegin.

Abend. Rotwein und Fassungslosigkeit. Habe das mit dem Jubiläum verstanden: Wir schreiben 2021. Also ist es ein verdammtes Vierteljahrhundert her, dass wir uns aufgelöst haben. An den Gig selbst keine Erinnerung, nur an ein Gefühl der Erleichterung, weil Punkband und klassisches Gitarrenstudium so schwer zu vereinbaren waren. Nachts alle Lautstärkeregler auf Zehn und morgens verorgelt meinem Gitarrenprof an der Hochschule gegenübersitzen. Mit einem Pfeifen im Ohr daran arbeiten, das zweite Thema der *a-Moll-Fuge* von Bach hervorzuheben und im

Zwischenspiel die Achtel schwingen zu lassen. Ständige Angst, bei der nächsten Jahresprüfung zu fliegen, weil ich zu wenig übe.

Plötzlicher Erinnerungsflash: Einmal die Konzertgitarre mit auf Tour genommen, um morgens im Hotelzimmer zu üben, wozu es, glaube ich, nie gekommen ist, dafür nach dem Gig bekifft in einer Kneipe die *a-Moll-Fuge* gespielt. Lou fand, dass man so eine verklemmte Musik nur mit zusammengekniffenen Arschbacken spielen könne. Mach das doch mal auf der E-Gitarre mit verzerrtem Sound.

Montag. Musikschule. Regen klatscht an die Fensterscheibe. *Lasst uns froh und munter sein. Weihnachtsbäckerei. Holder Knabe im lockigen Haar.* Wobei mich wie jedes Jahr das «im» stört, eine grammatikalische Wendung, die man aufgeweckten Kindern von heute ebenso wenig erklären kann wie Tannenbäume mit brennenden Kerzen statt LED-Beleuchtung. Oder warum es in so vielen Weihnachtsliedern ständig schneit.

Zwischen *Leise rieselt der Schnee* und dem gemobbten *Red-nosed Reindeer* Rudolph schaue ich kurz auf Facebook nach. Das Foto ist mehrfach geteilt worden. Vor allem von Leuten, die ein Motorrad als Profilbild haben. So wie Die Danny. Mit Unterschriften wie: Yo, Mädels, Yo! Da freut sich Santa Claus! Erst jetzt fällt mir auf, dass neben der Bühne im Frauenkulturhaus ein geschmückter Weihnachtsbaum steht. Irgendwer will wissen, wie die Band heißt.

Tippe rasch eine Nachricht an Lou in den Messenger, es bitte nicht zu verraten, dann schließe ich Facebook und komme mir dabei vor wie ein Kind, das sich die Augen zuhält.

Dienstag. Schreibtag. Kein Internet. Nur kurz auf den Messenger geschaut. Lou versteht das mit dem Namen. Hatte eigentlich erwartet, dass sie wissen will, warum ich so verklemmt bin. Keine Ahnung, was Lou heute macht. Damals war sie uns immer ein bisschen voraus. Sie war diejenige, die angekündigt hat, dass Punk tot sei und wir uns auflösen müssten. Passenderweise am Tag der traditionellen Sonnenwendfeier. Bikini Kill, unsere Vorbilder aus Washington, haben erst ein Jahr später den Punk für tot erklärt und sich aufgelöst. Vermutlich weiß die Welt nicht, dass wir die Ersten waren. Der Artikel über unser letztes Konzert in der *Frankfurter Neuen Presse*, Stadtteilausgabe Rödelheim, war ziemlich kurz.

Mittwoch. Heute schon frühmorgens das Schulprojekt: Musik ist eine Sprache für alle. Mit Erstklässlern wenigstens den Anfang von *Jingle Bells* auf dem Glockenspiel klöppeln.

E E E, E E E, schau mal, es ist immer derselbe Ton, nein, nicht so fest, nein, Oscar, du sollst Mohammed nicht den Schlägel über den Kopf hauen. Mia, Lia oder Dia, hab ich dir erlaubt, dass du alle Töne aus dem Glockenspiel rausnehmen darfst? Setz sie sofort wieder ein!

Kurze Pause vor der nächsten Gruppe. Lou hat mich auf WhatsApp gefunden. Ihre Nachricht: Sorry, konnte es nicht verhindern.

Kann erst nach der Schule nachsehen, was sie meint: Dany – oder viel mehr Die Danny – hat den Bandnamen ausposaunt. 22 Personen gefällt das. Auch ein paar Lachsmileys sind dabei. Ein Herzchen. Von einem Typen, der sich Born Tobi Wild nennt. Und mehrere Kommentare. Bin zu erschöpft, um sie zu lesen. Habe die zweite Gruppe nicht nur Glockenspiel, sondern auch Schlaginstrumente spielen lassen. Glaube, das war die Wiedergeburt des Punk.

Zweiter Advent. Regen. Die Katzenkerzenbloggerinnen posten ihre gesamte Weihnachtsdeko. Unseren Bandnamen liken inzwischen 111 Personen. 18 Lachsmileys. 15 Herzchen. Überlege, ob ich die Eltern meiner Schülerinnen entfreunden kann, ohne dass sie es merken. Beruhige mich damit, dass mir auch meine Existenz als Schriftstellerin manchmal in der Musikschule unangenehm ist, wenn ich weiß, dass Kollegen oder Eltern eins meiner Bücher lesen. Wobei das mit dem Bandnamen eine Nummer härter ist.

Liebe Güte, warum eigentlich? Damals orientierten sich alle weiblichen Punkbands an Körperöffnungen. The Slits zum Beispiel. Irgendwas mit *Cunt* oder *Pussy* kam auch immer gut. Bikini Kill hat sich elegant aus der Affäre gezogen und nur auf die Intimzone angespielt. Sozusagen metaphorisch. Was blieb uns, als uns knallhart an den Oberbegriff zu halten? Außerdem war Alex als Mann mit dem Namen in gewisser Weise mitgemeint. Allerdings war *Körperöffnungen* ein ziemlich langes Wort für ein Plakat, aber das merkten wir erst später.

Donnerstag. Schreibtag. Kein Internet. Oder doch. Nur kurz. Auf Facebook will Born Tobi Wild wissen, wann «die Mädels von Körperkult» das nächste Mal auftreten.

Lou van Dark hat einen Kotzsmiley daruntergesetzt.

Die Danny korrigiert den Namen. Bin versucht zu schreiben, dass derjenige hinter dem Schlagzeug zwar übergewichtsbedingt Brüste hat, aber dennoch kein Mädel ist. Eine Tatsache, die uns bei feministischen Unifeten oder Auftritten im lesbischen Aktionszentrum immer angekreidet wurde. Schlimm genug, dass Dany und ich Heten waren, aber ein Mann, das ging gar nicht. Irgendwann hat Alex sich die Antwort auf ein T-Shirt drucken lassen: Ihr müsst mich ja nicht lieben, ich will nur hier arbeiten.

Alex hat als Profilbild einen Komodowaran. Erinnere mich nicht, wann wir uns das letzte Mal gesehen haben. Nach der Auflösung sind wir uns manchmal noch in diversen Bands begegnet, später stellten wir verwackelte Filmchen von Auftritten ins Netz, um zu zeigen, dass wir noch in der Szene waren. Wobei die Kamera selten ins Publikum des jeweiligen KOZ JUZ, LAZ oder wie immer die soziokulturellen Zentren hießen, schwenkte, wo ungefähr neun Leute Pogo tanzten. Dann hörte auch das auf.

Dritter Advent. Das Foto wird weiter geteilt und verdrängt Kerzen, Katzen und Weihnachtsplätzchen. Anscheinend ist die Verbindung von Punk und den kommenden saisonbedingten Feierlichkeiten kultig. Zumal pandemiebedingt die meisten Weihnachtsmärkte ausfallen, auch die Shoppingmalls soll man meiden, man hat also Zeit. 98 Personen haben sich der Frage von Born Tobi Wild angeschlossen, wann und wo Körperöffnungen denn auftreten.

Die Danny: Spontanes Open-Air-Konzert? Darunter ein Smiley mit Weihnachtsmütze und Schal.

Montag. Immer mehr Kolleginnen und Kollegen schauen mich irgendwie belustigt an. Vermutlich bin ich mit mehr Leuten auf Facebook befreundet, als ich ahne. Sage mir, dass Körperöffnungen, von heute aus gesehen, ein eher harmloser Name ist und vermutlich noch nicht mal den Neunjährigen schockiert, der mir gerade *Oh Tannenbaum* vorspielt.

Kurzer Facebook-Check: Alex W Punkt, der seinen Namen in Alex W Punk(t) geändert hat, fragt: Warum nicht an Heiligabend?

Lou van Dark: Smiley, der sich an die Stirn tippt.

Die Danny: Coole Idee eigentlich.

Lou van Dark, über Messenger: Habt ihr keine Partner:innen? Kein Zuhause?

Alex W Punk(t): Wer hat denn das Bild eingestellt und von Jubiläum gequatscht?

Die Danny: Also, nur falls, wo denn?

Zwei Stunden später erstellt Alex W Punk(t) eine Veranstaltung. Vor dem Bunker im Gallusviertel, wo früher unser Übungsraum war. Am 24.12. von 16:00 bis 18:00 Uhr.

Lou van Dark: Nachmittag? Veranstaltung für Rentner:innen? Ha-ha.

Born Tobi Wild: Boah, vor 'nem alten Kriegsbunker. Darf man auch rein?

Alex W Punk(t): Sehr geehrter Herr, in den ehemaligen Bunkern findet seit mehr als 40 Jahren ein reges Kulturleben statt. Einige sind sogar denkmalgeschützt.

Die Danny über Messenger an alle: Sollten wir nicht proben?

Lou: Lasst es uns als experimentelles Happening sehen. Alles andere wäre spießig.

Ich: Ihr wollt doch nicht wirklich...?

73 Personen sind an der Veranstaltung interessiert.

Vierter Advent. Über 200 Interessierte, 156 haben angeklickt, dass sie teilnehmen. WhatsApp an meine Schwester, bei der die Familienfeier diesmal stattfindet. Versuche zu erklären, dass ich wegen eines Auftritts vielleicht später komme. Das Vielleicht steht für den Fall, dass alles mega-

**Das Jubiläumskonzert**

peinlich wird und ich mich so schnell wie möglich verdrücke.

Mittwoch, letzter Schultag, *Jingle Bells*. Habe eine Glockenspielallergie. Mein Neffe hat mich auf Facebook gefunden und lacht sich kaputt, dass Tantchen wieder Punk macht. Verbiete ihm, zum Auftritt zu kommen.

Heiligabend, 15 Uhr. Der große Marshall-Amp samt Box passt gerade so ins Auto. Auf der Stadtautobahn kurz der Impuls umzukehren, was auf einer Autobahn nicht ganz einfach ist, deshalb doch weiter. Der Bunker liegt gleich hinter der Abfahrt. Industrieviertel, Fabrikgebäude. Hatte vergessen, wie trostlos es hier ist.

15 Uhr 30. Es sieht nach Regen aus. Alex deckt die Boxen der Anlage sicherheitshalber mit Planen ab. Wir haben ihn nur an seinem T-Shirt erkannt. Es ist ihm ungefähr fünf Nummern zu groß und schlägt Falten, lediglich einzelne Buchstaben sind auszumachen: Ihr ...t lieben ... nur ...beiten. Dazu trägt er Boulderhosen mit aufgesetzten Flicken am Knie und eine Schildkappe. Wie sich herausgestellt hat, ist er Hausmeister im Bunker. Lou – silberfarbene Haare, Brille, Kostüm, das vielleicht von Chanel ist, aber irgendwie auch aus Loden besteht, kann das sein? – fragt ihn, ob das sein regulärer Job sei, Hausmeister?

Alex fragt zurück, warum sie nicht fragt, wie und warum er so viel abgenommen habe.

Lou antwortet, da gebe es nichts zu fragen, alle Männer um die 50 entwickeln einen Abnehm- und Sportwahn, deshalb sei bei Ironman die Teilnehmerzahl in der Altersklasse zwischen 50 und 70 am höchsten.

Toll, du machst bei Ironman mit, sagt Dany. Und zu mir:

Deine Haare sind aber gefärbt, oder? Könnte jetzt eine unfeministische Bemerkung über ihre Lederhose in Größe 48 machen, sage aber nur, dass ich mich auch freue, sie zu sehen. Stimmt sogar.

16 Uhr. Zwei trübe Scheinwerfer erhellen die Betonfläche vor dem Bunker. Außer einigen Männern, die aussehen, als kämen sie vom Kiosk gegenüber, wo es wie früher Bier, Schnaps und etwas wie «Heiße Hexe» gibt, ist niemand da. Wir fangen trotzdem an. Lou eröffnet den Gig mit einem Riff auf ihrer Gitarre, das mir bekannt vorkommt, es entpuppt sich als *I won't be home for Christmas* von Blink 182. Dany, Alex und ich fallen ein, so laut, dass man den Gesang nicht mehr hört, egal, wir ziehen einige Strophen durch, stolpern in ein überraschendes Ende, und ich lege los mit *Maria durch den Dornwald* ging, in einer verzerrten Tapping-Version à la van Halen.

Gebe zu, ich habe für den Auftritt geübt, was Lou sofort zunichtemacht mit dem Riff von *There ain't no sanity clause* von The Damned. Leichter Nieselregen jetzt. Einer der Kioskmänner tanzt direkt vor uns mit merkwürdig graziösen Bewegungen, als hätte er mal Ballett gemacht. Irgendwie sind Dany, Alex und ich bei *Stille Nacht* gelandet, wobei wir versuchen, lauter als der Verkehr zu sein. Lou hält dagegen mit dem Refrain von *Rebel Girl* von Bikini Kill. Wir steigen darauf ein, und einen Moment ist es wie damals: Kribbeln im Bauch und ein Gefühl, als könnte ich fliegen, he, wir machen das zusammen, und ich bin mittendrin.

Inzwischen sind noch ein paar Leute aufgetaucht, zum Glück ist mein Neffe nicht darunter, aber kurz glaube ich, die Blockflötenkollegin auszumachen, was mich einen Moment in der Performance hemmt, dann denke ich: Egal.

Immerhin nähern wir uns dem Höhepunkt der Show: Dany und ich, Schulter an Schulter, schrammeln auf unseren tiefen E-Saiten herum, fallen gleichzeitig auf die Knie, legen uns mit dem Instrument auf den Rücken, in der Pose von früher, Arm und Mittelfinger nach oben gereckt. Das Hinlegen geht erstaunlich gut.

Hammer! Könnte stundenlang so liegen bleiben. Sollte ich vielleicht, das Hochkommen erweist sich als mühevoll. Hätte meine knalllila High-Heel-Bühnenstiefel von früher vielleicht doch nicht anziehen sollen. Dany bleibt einfach auf dem Boden sitzen und tut, als gehöre das zur Show.

Ich schaffe es bis zum Stehen, bin aber nicht sicher, ob ich noch laufen kann. Einer der Kioskmänner bringt einen Stuhl. Was Dany und ich geflissentlich ignorieren. Ganz gut, dass der Nieselregen übergangslos in eine Art Wolkenbruch mündet und wir mitten in einer Speedversion von *Felice Navidad* aufhören müssen.

18 Uhr. Wir haben die Anlage abgebaut. Sind klatschnass, hüllen uns in die Decken, die Alex benutzt, um die Trommeln beim Transport zu schützen. Alex' Übungsraum ist geheizt, außerdem gibt es ein Bettsofa, Kühlschrank, Tisch, Geschirr, sogar einen kleinen Weihnachtsbaum. Glaube, er wohnt hier, hat auch Kleider zum Wechseln da, steigt von der nassen Boulderhose in eine trockene und setzt die Schildkappe ab. Rasierter Schädel, vielleicht wegen Ironman. Oder doch wegen Haarausfall.

Wir trinken veganen Wein und essen vegane Chips. Update, was jeder so macht. Alex: Hausmeister und Trainer für Indoorklettern. Dany: geschieden, wieder in der Wetterau, Tochter auf Austausch in Neuseeland. Trotz Motorradklub und Musikverein niemand da, der mit ihr Weihnachten feiert. Lou: Eventfirma, gemeinsam mit ihrer Frau. Vor allem Unternehmenstheater. Hat sie sich kreativer vorgestellt, aber eigentlich läuft es darauf hinaus, Teams irgendwelcher Großunternehmen durch Kunst noch effizienter zu machen. Ich erzähle von Glockenspielallergie und Schreibstress, wobei mir in Dauerschleife ein Reim durch den Kopf geht: Veganer Wein haut ziemlich rein.

Später, keine Ahnung, wie spät. Irgendwo im Bunker probt eine Death-Metal-Band. Ultratiefe Vocals, d. h. gerülpster Gesang. Bei uns friedliche Stimmung, das Deckenlicht ist gedimmt, die Lichterkette am Baum erstrahlt in festlichem Glanze. Nach der vierten Flasche Wein ist völlig klar, dass niemand mehr fahren kann. Wir haben telefoniert, Lou ziemlich lange, ich kurz, weil meine Family Verständnis hat, dass Tantchen mit ihrer Punkband versumpft ist. Man erwartet meinen Bericht morgen beim Mittagessen. Dany whatsappt mit Neuseeland, wo schon der erste Weihnachtsfeiertag angebrochen ist, und erzählt dabei eine Geschichte über die Toiletten früher im Bunker, wisst ihr noch, als alles verstopft war, da hat doch der Drummer von – wie hießen die gleich? – in die leere Limoflasche gepinkelt, und nachher auf der Probe...

Alex unterbricht sie zum Glück mit einem gelallten Geständnis: dass es ihn früher immer völlig verrückt gemacht hat, wie unsere rechte Titte jeweils über dem – oder den? – Gitarrenkorpus respektive Bass hing. Frage an mich, ob so eine Titte eigentlich im Dativ oder Akkusativ hängt, schietegal, sage ich, auf jeden Fall könnten Dany, Lou und ich heutzutage mit der rechten Brust mühelos die tiefe E-Saite abdämpfen. Vielleicht sogar die A-Saite. Lou sagt, am Ende ließe sich daraus eine ganz neue weibliche Spieltechnik entwickeln, die in Zukunft an Hochschulen gelehrt wird.

Alex bricht überraschend in Tränen aus. So war das immer, ihr habt mich nie ernst genommen, ihr mit euren Brüsten, ich war doch nur euer Hampelmann! Ich verkneife mir den Hinweis, dass er damals selbst Brüste hatte, und Lou sagt, ach du Scheiße, he, Alex, wir haben dich doch lieb. Dann stehen wir drei um Alex herum, der auf dem Sofa sitzt, und streichen ihm über die Glatze.

An den Rest der Nacht kaum Erinnerung. Glaube, Dany hat sich zu Alex aufs Sofa gelegt, Lou und ich auf den Schlagzeugteppich. Irgendwann gegen Morgen nach Hause gefahren, im eigenen Bett weitergeschlafen, beim Aufwachen kurz gedacht, ich hätte alles nur geträumt, deshalb Realitätscheck auf Facebook. Katzen unter Weihnachtsbäumen.

Born Tobi Wild hat unsere Veranstaltung kommentiert: Grandios, selten so abgetanzt.

Lou van Dark, über Messenger, an alle: Happy Christmas, war nett, bis zum nächsten Jubiläum!

Von Der Danny und Alex W Punk(t) nichts, schlafen vielleicht noch.

Kaffee. Kopfschmerzen, Rückenschmerzen, krasser Muskelkater. Auch emotional ein bisschen durchgenudelt. Bin mir nicht sicher, was Lou mit dem «nächsten Jubiläum» meint, etwas wie silberne, goldene, diamantene Hochzeit, immer alle 25 Jahre?

Demnach wäre der nächste Gig 2046 fällig.

Gut. Nur mit der Pose könnte es ein bisschen schwierig werden.

*Norbert Schnöde*

# Nicht aufmachen!

Seltsam war, dass ich kein Geräusch hörte. Nicht das leise Klicken einer abgesetzten Kaffeetasse, nicht das Schaben des Löffels in der Müslischale.

Die tief stehende Sonne drang durch meine geschlossenen Augenlider. Es musste schon spät sein. Warum hatte Lisa mich nicht geweckt? Ohne die Augen zu öffnen, drehte ich mich auf die rechte Seite und tastete. Da war nichts.

Welcher Tag war heute? Jedenfalls kein Arbeitstag. Ich hatte mir die Woche vor Heiligabend freigenommen. Was würde ich heute machen? Vielleicht am Vormittag den Weihnachtsbaum besorgen, bevor es darüber am Abend wieder Streit gab. Lisa war empfindlich gewesen in den letzten Tagen.

Ich streckte die Füße aus dem Bett und tastete nach den tannengrünen Pantoffeln mit den kleinen goldenen Schellen, die sie mir im vergangenen Jahr zu Weihnachten geschenkt hatte. Ihr zuliebe trug ich sie vom dritten Advent an. So schlurfte ich mit leisem Klingeln durch den Flur und betrat mit einem lauten «Ho, ho, ho!» die Küche.

Die Küche war leer. Auf dem Tisch lag ein Zettel mit Lisas Handschrift. Ich setzte mich mit dem Rücken zum Fenster auf den Stuhl, wo ich immer saß. Ich las: «SCHLUSS! AUS! FEIERABEND! Jetzt reicht's mir endgültig! Ich bin jetzt eine Weile weg. Wenn ich zurückkomme, will ich, dass deine Klamotten weg sind!»

Bevor ich mir die Mühe machte, den Inhalt der Nachricht zu verstehen, las ich ihn ein zweites Mal. «Feierabend ... endgültig ... dass deine Klamotten weg sind.»

Klamotten. – Ohne weiter nachzudenken, erhob ich mich und ging zurück ins Schlafzimmer. Im Flur schleuderte ich die klingelnden Pantoffeln von den Füßen. Ich öffnete Lisas Schrank und erstarrte. Einige ihrer Sachen waren noch da, aber von der Kleiderstange und aus den Fächern war das meiste verschwunden. Ich knallte die Schranktüren zu und ging in die Ecke am Fenster. Der kleinere Koffer war noch da, der größere fehlte. Ich sank aufs Bett. Sie war tatsächlich weg.

Ich klopfte zweimal leise an die Tür unserer Tochter. Dann dreimal. Dann fünfmal mit doppelter Lautstärke. Nach einem tiefen Atemzug drückte ich langsam die Klinke herunter und spähte durch den Türspalt. Das Bett war leer. Seit vier Monaten war es meistens leer. Dann schlief sie bei Jakob. Auch wenn Nele erst siebzehn war. Ich hatte es ihr erlaubt, weil ich die Diskussionen satthatte. Bestimmt würde sie auch Weihnachten bei ihrem Freund verbringen. Ich würde allein sein.

Ich wählte die Handynummer meiner Frau und ließ es so lange klingeln, bis eine freundliche Stimme mitteilte, dass der gewünschte Teilnehmer nicht erreichbar sei. Den Anrufbeantworter hatte Lisa deaktiviert. Wenn sie nicht erreichbar sein wollte, sollte sie auch wirklich nicht erreichbar sein.

Als ich die Tür zum Lotto-Laden öffnete, hörte ich das vertraute Bimmeln der Messingglöckchen über meinem Kopf. Es erzeugte ein wohliges Kribbeln, ebenso wie der Geruch nach Druckerschwärze und Tabak. Vor drei Jahren hatte ich mir das Rauchen abgewöhnt. Heute brauchte ich das Zeug, um meine durcheinanderwirbelnden Gedanken zu betäuben und vielleicht ordnen zu können.

Vor dem Laden öffnete ich mit zitternden Händen die Schachtel. Ich inhalierte tief. Schon nach wenigen Sekunden wurde mir schwindlig.

Wie sollte ich Weihnachten überstehen? Ich musste jemanden finden, bei dem ich mich einladen konnte.

Sascha, mein bester Freund, wohnte nur eine Viertelstunde von mir entfernt. Auf dem Weg kaufte ich einen Stollen, den ich gleich hinter der Kasse aus der Verpackung befreite und in eine große Papiertüte steckte, die ich vom Gemüsestand mitgenommen hatte.

Als Sascha die Tür öffnete, musterte er mich besorgt. «Alter! Du hast aba ooch schon besser ausjeseh'n.»

Wir umarmten uns, und ich drückte ihm die Tüte in die Hand. «Ich hab euch was gebacken, nach'm Rezept von Oma.»

Aus der Küchentür ragte ein dicker Bauch. Saschas Frau, offensichtlich schwanger, lehnte im Türrahmen. Sie sah mich mit eisiger Miene an. Ich nickte ihr kurz zu. «Jennifer.»

«Tag.»

Mein Verhältnis zu ihr war von Anfang an frostig gewesen. Arktische Kälte hatte es erst erreicht, als sie und Sascha heiraten wollten. Zwei Monate vor der Hochzeit hatte ich einen Anruf von ihr bekommen. «Ich würde dich dann bitten, schon mal die 30 Euro zu überweisen. Ich geb dir die Kontonummer.»

«30 Euro wofür?», fragte ich.

«Na, für das Hochzeitsessen!»

Ich war nicht hingegangen.

Nun saß Sascha breitbeinig auf dem Sofa, mampfte und ließ Krümel und Puderzucker auf den Couchtisch rieseln. Gut, dass Jennifer in der Küche war. «Habt ihr schon 'n Namen?», fragte ich.

«Nee.»

«Ich finde Marie ganz gut.»

«Bloß nich' Marie. So heißt meine Cousine, die imma meine Bauklötzertürme umjeschmissen hat. Wenn man 'nen Namen für 'n Kind sucht, merkt man ja erst, wie viel Leute man nich' leiden kann.»

Wir kannten uns seit der Schulzeit. Sascha war in die Parallelklasse gegangen, wir hatten in der Schulmannschaft Fußball gespielt. Er hatte mir das Rauchen beigebracht und ich ihm das Trinken. Im Haus seiner Eltern hatte es einen Partykeller gegeben, in dem wir nach der Schule Schlagzeug und Gitarre spielten und in der Silvesternacht mit Mädchen knutschten, die wir im Sommer bei einer Paddeltour kennengelernt hatten.

Er hatte nach der Schule eine Tischlerlehre gemacht. Bei seinem ersten Job in einer Wohnungsbaugenossenschaft hatte er Jennifer kennengelernt, die dort Sekretärin war.

Jetzt leckte er den Puderzucker von den Fingerspitzen und lehnte sich zurück. «Willste ma' erzählen, wat los is'?»

Ich brauchte nicht lange, um die Lage zu beschreiben, denn viel wusste ich selbst nicht. Er schüttelte fassungslos den Kopf. «Also, dass Lisa so von jetz' uff gleich abhaut ... Da hätte ick nich' mit jerechnet.» Nach kurzem Schweigen fragte er: «Und wat machste denn jetz'?»

«Keine Ahnung. Erst ma' Weihnachten überleben.»

Er holte Whisky aus dem Schrank und füllte zwei Schnapsgläser bis zum Rand.

«Sag mal», fragte ich, «könnte ich Heiligabend vielleicht bei euch mitfeiern?»

Er verzog schmerzvoll das Gesicht. «Is' jetz' janz blöd. Den Tach vorher ham wir Umzuch.»

Nun fiel es mir wieder ein: Ein paar Monate zuvor hatte Sascha von einer neuen Wohnung geschwärmt.

«Bin jestern mit den Einbau von die neue Küche fertich jeworden. Aba Heilichabend sind wir bestimmt noch beim Kisten auspacken und Möbel uffbaun. Also feiern is' bei uns frühestens dritten Feiertach.»

Eine Feier am 27. Dezember würde mir nicht helfen. Der Tag, an dem ich auf keinen Fall allein sein wollte, war der Heiligabend, und der war drei Tage entfernt.

Auf der Toilette starrte mich ein kleiner Weihnachtsengel aus Porzellan an, der auf einem Sims hinterm Klosett stand. Ich konnte nicht widerstehen und schob ihn mit dem Zeigefinger näher zum Rand, und noch näher, bis er aus dem Gleichgewicht geriet und zu Boden stürzte.

Im Flur reichte Jennifer mir den Rest des Weihnachtsstollens. Sascha sagte: «Also, wenn ick dir irjendwie anders helfen kann, sach Bescheid.» Er umarmte mich. «Ruf an, wenn wat is'.»

Einen Tag später, am Samstag, stand ich bei Dennis vor der Tür.

«Norbert! Alter! Komm rin! Is' ja ewig her. Schuhe kannste anlassen. Ick hab überall Steinfliesen jelegt. Kriegste nich' kaputt. Parkett wär ja viel zu empfindlich. Aaah, du hast mir wat mitjebracht? Weihnachtsstollen! Sehr jut. Da fehlt aber schon 'n Stück.»

«Ja, ich musste doch probieren, ob der gelungen ist! Selber gebacken. Nach Rezept von Oma.»

Dennis zapfte uns zwei Kaffees und erklärte mir dabei die Besonderheiten seines italienischen Vollautomaten. Er reichte mir einen Becher, auf dem stand: *Weil es für Bier zu früh ist*. Ich hätte lieber Bier nehmen sollen; die Plörre schmeckte furchtbar.

«Was machst du jetzt beruflich?», fragte ich.

«Facility Manager.»

«So was wie Hausmeister?»

«Tja, mein Lieber, dit stellen Laien sich so einfach vor! Aber unsereiner muss sich heute praktisch in jedem technischen Jebiet auskennen können.» Es folgte ein Grundkurs in der Bedienung von Gasheizungen und ein Überblick über die am Markt befindlichen Türschlösser, die es Einbrechern besonders schwer machten.

«Aber lass uns nich' die janze Zeit über Arbeit reden», unterbrach Dennis sich selbst. «Bist du eigentlich noch mit die Lisa zusammen?»

«Also genau genommen...», setzte ich an.

«Du, ick hab grade eene aus Sachsen kennenjelernt. Wie man so sacht: ‹Sachsen, wo die schönen Mädchen wachsen.› Und ick sage dir, wenn du mit denen paarmal im Bett warst, findest du den komischen Dialekt jar nich' mehr so schlimm.»

«Hast du Milch?», fragte ich.

«Kühlschrank, unten rechts.»

Als ich durch den Flur ging, hörte ich Dennis im Wohnzimmer die nächste Frauengeschichte erzählen. Er würde nie aufhören.

In der Küche nahm ich die Milch aus dem Kühlschrank, stach mit einem Messer zwei kleine Löcher in den Karton – eins oben, eins unten – und stellte ihn wieder in den Kühlschrank. Dann ging ich leise in den Flur, nahm meine Jacke vom Haken und schlich fort.

Mein Freundeskreis, der anderthalb Personen umfasste, war aufgebraucht. Jetzt musste ich für Heiligabend auf den einzigen halbwegs vernünftigen Menschen unter meinen Arbeitskollegen zurückgreifen.

Auf dem Weg besorgte ich in einem Supermarkt Lebkuchen, die ich in eine Papiertüte vom Obststand umfüllte. Ich kündigte mich gar nicht erst telefonisch an, sondern ging direkt zu Pattricks Wohnung. Pattrick war so ein Typ Mensch, der sowieso meistens zu Hause ist.

Er war ziemlich verblüfft. «Norbert?!»

«Grüß dich, Pattrick. Meine Oma hat selbst gebackene Lebkuchen geschickt. Und ich dachte, ich bring dir ein paar vorbei. Wo doch morgen schon Heiligabend ist.»

Ich hängte meine Daunenjacke an einen Garderobenhaken und rieb die Hände aneinander. «Ganz schön kalt draußen.»

Pattrick nahm meine Jacke vom Haken und hängte sie auf einen Kleiderbügel. Er zeigte mit der linken Hand zur Wohnzimmertür. «Geh vor. Ich hol was zu trinken.»

Ich ließ mich auf dem Sofa nieder. Neben der Balkontür stand ein Gummibaum, dessen Blätter glänzten, als wären sie lackiert. Rechts daneben eine Nussbaumkommode mit einem Fernseher darauf. An den Wänden hingen Glaskästen, in denen Motten oder so was Ähnliches in Reih und Glied aufgespießt waren. Die Beschriftung konnte ich vom Sofa aus nicht lesen.

Pattrick kam mit zwei gefüllten Gläsern aus der Küche, setzte sich in einen Sessel und hielt mir ein Glas mit einer teefarbenen Flüssigkeit hin, das ich auf dem Tisch abstellte. Er hob es gleich an und schob einen Untersetzer darunter. «War dumm von mir, den Sofatisch mit Echtholzfurnier zu nehmen. Kunststoff wär praktischer gewesen.»

Ich fuhr mit dem linken Zeigefinger über die Tischplatte. «Fasst sich aber gut an.» Dazu nickte ich anerkennend. «Sind das Motten da in den Kästen?»

«Das sind nachtaktive Schmetterlinge!»

Er begann, von ihren Farbschattierungen zu erzählen, von ihrer Fortpflanzung, ihrer Ernährung. Ich starrte auf das Echtholzfurnier und nickte.

Pattrick hatte sich in Begeisterung geredet. «Wenn dich das interessiert, hol ich dir mal ein Buch!» Er verließ das Zimmer.

Bisher war er mir gleichgültig gewesen. Jetzt ging ich zum Gummibaum, steckte drei Zigaretten in den Topf und goss den Eistee drüber. Vom Flur aus rief ich: «Toilette?!»

«Neben der Wohnungstür!»

Durch eine halb geöffnete Zimmertür sah ich ihn in seiner Bibliothek stehen und Bücher stapeln. Ich nahm leise meine Jacke vom Kleiderbügel und zog sie erst an, als ich die Wohnungstür hinter mir geschlossen hatte.

Ich war erledigt. Patrick war meine allerletzte Chance gewesen. Mir fiel niemand mehr ein, der meiner Selbsteinladung nachgegeben hätte.

Als ich mir vor dem Haus eine Zigarette ansteckte, erschien plötzlich ein Bild vor mir: Carolin! Die war doch immer ganz ... ganz nett gewesen!

Wieso sollte ich Heiligabend nicht mit einer ehemaligen Freundin meiner Frau verbringen? Ich wäre nicht allein – und könnte mich an meiner Frau rächen.

Sonntag. Einen Tag vor Heiligabend. In einem Schubfach voller Krimskrams hatte ich ein altes Telefonverzeichnis meiner Frau gefunden. Darin die Festnetznummer von Carolin. Sie war überrascht, aber sofort bereit, sich für den Nachmittag mit mir zu verabreden.

Mit der U-Bahn fuhr ich bis zur Wallstraße und lief hinüber zum Hochhaus auf der Fischerinsel.

«Norbert!» Sie schien sich ehrlich zu freuen. «Komm rein!»

Sie musste gerade Yoga gemacht haben, denn sie trug hautenge Klamotten. Ich schluckte. Während sie die Yogamatte zusammenrollte, versuchte ich, mich auf die Aussicht zu konzentrieren. Die war atemberaubend hier im neunten Stock. Das Rote Rathaus, die Marienkirche, der Fernsehturm am Alexanderplatz.

Als sie den Tee einschenkte, war ich gerade dabei, mich ein wenig zu entspannen. Da kam die unvermeidliche Frage: «Und wie geht's Lisa?»

Ich beschrieb den Freitagmorgen und erzählte von den vergangenen Monaten, in denen meine Frau und ich uns häufiger gestritten hatten als in den Jahren zuvor.

«Aber doch kein Grund abzuhauen», murmelte ich in meine Teetasse. Carolin sah mich nachdenklich an: «Sag mal, hat Lisa sich 'ne neue Frisur machen lassen, kurz bevor sie weg ist?»

«Ja», antwortete ich verblüfft. «Wieso?»

«Dann is' sie wirklich weg.»

Minutenlang saß ich schweigend da. Irgendwann legte Carolin mir eine Hand auf die Schulter. Diese Berührung und ihr Blick setzten etwas in Gang, was zu einem langen Gespräch führte und nach reichlich spanischem Rotwein in ihrem Bett endete.

Ich erwachte, als die von der Kuppel des Fernsehturms reflektierten Sonnenstrahlen Carolins Schlafzimmer erleuchteten. Wir frühstückten in ihrer winzigen Küche. «Was war eigentlich der Grund», fragte ich, «dass Lisa und du damals den Kontakt abgebrochen haben?»

Carolin sah mich verwundert an. «Das weißt du nicht? *Du* warst der Grund.»

Ich brachte keine intelligente Reaktion zustande.

«Ja, Lisa hat gemerkt, dass ich scharf auf dich war.»

«Oh.» Ich räusperte mich. «Dann – ja, sag mal, was hältst du davon, wenn wir heute Heiligabend zusammen feiern?»

«Bei dir oder bei mir?», fragte sie, ohne zu zögern.

«Bei mir.»

Als ich eine Stunde später mit dem Fahrstuhl nach unten fuhr, fiel mir ein, dass wir unsere Handynummern nicht ausgetauscht hatten. Egal. Würden wir abends machen.

Eine halbe Stunde später öffnete ich unsere Wohnungstür und roch es sofort: Meine Tochter hatte geraucht.

«Nele?!»

Sie steckte den Kopf aus der Zimmertür. «Was gibt's?»

«Komm mal mit in die Küche. Wir müssen reden.»

Mit hängenden Schultern folgte sie mir. Sie erwartete, dass ich sie wegen des Rauchens zur Rede stellen würde. Stattdessen begann ich mühsam zu erklären: «Also, es sieht so aus, dass Mama – dass sie im Augenblick nicht nach Hause zurückkommt. Ehrlich gesagt, kapiere ich nicht, warum sie so sauer ist. Und auf dem Zettel, den sie hinterlassen hat, stand auch keine Erklärung.»

«Auf dem Zettel?» Nele legte den Kopf schräg. «Meinste den Zettel, der Freitag hier auf'm Küchentisch lag?»

Ich nickte. Sie lachte auf. «Der Zettel war doch für mich!»

Ich sah sie verwirrt an.

«Mama war stinksauer, weil ich mein Zimmer wieder nich' aufgeräumt habe. Klamotten und so. – Außerdem... wusstest du etwa nich', dass sie für paar Tage mit ihren Freundinnen in die Berge fahren wollte? Heute kommt sie wieder.»

Ich fühlte flüssige Lava meinen Rücken hinunterrinnen. Natürlich hatte ich das gewusst! Zumindest noch vor ein paar Wochen. Da hatte mir Lisa davon erzählt. Inzwischen war es mir entfallen.

Unsere alte Türklingel schrillte. Nele sprang auf und rannte hin. Ich ging ihr langsam nach.

«Mama!» Nele umarmte Lisa und küsste sie ab. Lisa betrachtete mich über Neles Schulter: «Du kuckst so bedröppelt!»

«Alles bestens.» Ich gab ihr einen Kuss und griff nach ihrem Gepäck. «Ich hab nur ein bisschen schlecht geschlafen, während du weg warst.»

Während Lisa sich die Jacke auszog, brachte ich ihren Koffer ins Schlafzimmer.

Die Türklingel schrillte ein weiteres Mal.

«Nicht aufmachen!», schrie ich.

«Wieso denn nich'?!», rief Lisa gut gelaunt. «Lass mich doch erst mal sehen, wer geklingelt hat!»

*Stefanie von Wietersheim*

# Die schlesischen Tanten

Meine schlesischen Tanten hießen wie Heroinen aus einer Wagneroper: Brunhilde, Sieglinde und Fricka. Und immer, wenn sie Weihnachten zu uns kamen, führten sie sich auch so auf. Oder zumindest so, wie ich mir als Kind eine Wagneroper vorstellte: großbusige Damen im Alter zwischen 50 und 100 Jahren, die, mit blitzenden Broschen und langen Perlenketten bewaffnet, die Bewohner des Hauses mit lauten Stimmen und exzentrischen Wünschen das Fürchten, Feiern und Lieben lehrten.

Die schlesischen Tanten mit den seltsamen Namen stammten von der Seite meines Vaters und waren die überlebenden Cousinen einer großen Fratrie, die ihre Gouvernanten vor dem Zweiten Weltkrieg auf den Gütern ihrer kreuz und quer verwandten Eltern in den Wahnsinn getrieben hatten. «Ah! Le trio terrible est dans le parc!», wurde zum Schlachtruf der Erzieherinnen, die immer wieder nachsehen mussten, ob die drei Mädchen etwa eine ausgehängte Salontür zum Floß umgebaut oder den Schweinen die Schwänze angemalt hatten. Das schreckliche Trio war in einer Welt aufgewachsen, in der sich ständig Besuch ansagte und die Gastgeber nicht wussten, ob er zwei Wochen oder zwei Monate blieb. Und dieses entspannte Lebensgefühl brachten sie bis zu ihrem Tod überall mit hin. Auch zu uns. An Weihnachten.

Die drei Schrecklichen, nun allesamt Witwen, blieben. Blieben lange. Zwei, drei Wochen. Zum Glück musste ich nicht zwei Wochen lang jeden Tag mehrmals «Tante Brunhilde», «Tante Sieglinde» oder «Tante Fricka» zu ihnen sagen, sondern ich nannte sie wie alle bei ihren Spitznamen: Bubu, Mause und Fiffi. Auch meine Freundinnen fanden nichts dabei, meine majestätisch aussehende Tante Sieglinde mit «Tante Mause» anzureden. Sie beneideten mich um die Tanten, die seidig schimmernde Halbunterröcke unter ihren Kostümen trugen, alle Strophen von «Es kommt ein Schiff geladen» zusammen dreistimmig sangen (Tante Bubu sang den Tenor) und an Silvester Kullerpfirsich-Bowle mit zuckersüßen Früchten aus der Dose ansetzten, von der man höllisches Kopfweh bekam.

Ich liebte die schlesischen Tanten so heiß und innig, wie ich irrsinnigen Respekt vor ihnen hatte. Zwar hoben sie die Türen unseres Hauses nicht mehr aus den Angeln, um damit Boot zu fahren, aber sie brachten schon Tage vor ihrer Ankunft den klar organisierten Haushalt meiner tapferen Mutter vollkommen durcheinander. Dafür bestritten sie bei Tisch scharfe Rededuelle zu Themen wie Rüstungspolitik, die Wichtigkeit, einen Mann vor der Ehe auf Sextauglichkeit zu prüfen, den Sinn von Kreuzfahrten, Minderheitenfragen im 19. Jahrhundert, Pferdezucht und die richtige Art, einen Brautschleier zu tragen. Hatte man keine Meinung zu Politik, war man für die Tanten kein Mensch. Hatte man keinen Hund, war man auch keiner. Wenn sie hörten, dass ein Neffe im zarten Alter von 19 Jahren seine Freundin geschwängert hatte, sagten sie: «Ein Mann unserer Familie geht doch nicht ohne Rüstung in die Schlacht!» Sie waren davon überzeugt, dass nichts so spießig war wie Geiz, Geldgier, dünne Papierservietten, Gummihandschuhe und zu kleine Gabeln. Und nichts so gut wie Zitronencreme an Weihnachten.

Wir empfingen Bubu, Mause und Fiffi am 22. Dezember eines jeden Jahres am Flughafen Paderborn. Er war damals einer dieser Flughäfen, auf dem die kleinen Maschinen so lässig wie an einer Bushaltestelle hielten und zum Aussteigen schnell eine Treppe vor die Tür geschoben wurde. Auf dieser Gangway schritten die drei Tanten mit ihren weißen Handtaschen, weißen Handschuhen und weißen Bequem-Pumps hinunter wie Jackie Kennedy auf Staatsbesuch. Sie sahen in ihren dunklen Pelzmänteln (natürlich trugen sie Pelz!) aus wie unscharfe Drillinge, denn sie waren alle hochgewachsen, durchaus knochig, mit breiten, klaren weißen Gesichtern, ausgeprägten Nasen und blauen Augen. Dazu trugen sie ihre Haare zu dicken schlohweißen Knoten aufgesteckt. Irgendein beneidenswertes Familien-Gen, das ich nicht besaß, hatte sich bei ihnen durchgesetzt und ihnen Haare wie Pferdeschweife verliehen, die auch im Alter nicht schütter wurden.

Das terrible Tanten-Trio bot schon deshalb in Paderborn eine vorweihnachtliche Show, weil der Flug aus Berlin meist nur von Geschäftsmännern mit grauen Anzügen und Aktenkoffern bevölkert wurde. Eine Tatsache, die die Tanten gar nicht zur Kenntnis zu nehmen schienen. «Nein, müde sind wir gar nicht, wir hatten so einen fabelhaften Orangensaft im Flugzeug», sagten sie auf die Frage, wie der Flug gewesen sei. Was an einem Orangensaft fabelhaft sein sollte, war mir als Kind nie ganz klar, aber so sprachen sie.

Meine heldenhafte, zarte Mutter schlief seit Tagen nicht mehr angesichts des erwarteten Appetits der schlesischen Tanten und legte Vorräte an wie eine Generalin. Sie bestellte vor der Ankunft der Weihnachtstanten immer Berge an Käse und Räucherfisch, ließ den Bofrost-Mann das halbe Auto in ihrer riesigen Tiefkühltruhe abladen (Hühnerfrikassee, toskanische Fleischbällchen, Leipziger Allerlei, Rumtopf) – und vor allem hortete sie kleine Päckchen von Dr. Oetkers Paradiescreme, Geschmacksvariante Zitrone.

Als vielbeschäftigte Lehrerin, Mutter und Hausfrau sah sie den Weihnachtstagen mit einer Mischung aus Grauen, liebevoller Hingabe und vorausahnender Erschöpfung entgegen. Zwar schätzte sie die Konversation mit den Tanten, weil diese den Effekt eines doppelten Espressos hatte. Und sie war wie mein Vater davon überzeugt, dass nichts über Familie geht. Aber sie hasste das viele Kochen und das erzwungene Bridgespielen, da sie an den Abenden lieber Sisi-Filme sehen oder Thomas Mann lesen wollte. Außerdem war sie Feministin, und da gehörte Küchendienst über Tage nicht ins Programm.

Zum Bridgespielen mit den Tanten gehörten die vier weißen Konfektschalen der Wiener Porzellanmanufaktur Augarten mit den Symbolen Pik, Herz, Kreuz und Karo, die mit verbrannten Weihnachtskeksen und Borkenschokolade bestückt wurden. Die bekam jede Spielerin an ihren Platz gestellt, um die Nacht durchzuhalten, neben einem Glas Grünen Veltliner aus dem Kamptal. Ich lernte unter der Ägide der schlesischen Tanten schnelles, heftiges Romméspielen und war schon mit vier Jahren ein Ass im Kartenmischen und Fluchen. «Na, was ist das wieder für ein Blatt, Jesus, Maria und Josef?», seufzte ich und schob mir noch einen verbrannten Keks rein. Das war das Einzige, was meine Mama an Weihnachten in der Küche gern tat: Kekse backen.

Obwohl wir Fiffi, Bubu und Mause die schlesischen Tanten nannten, war streng genommen nur Tante Fiffi aus diesem ehemaligen deutschen Ostgebiet. Aber da das Gut ihrer Eltern vor dem Zweiten Weltkrieg das Nest für die riesige Verwandtschaft gewesen war, hießen sie eben die schlesischen Tanten. Tante Mause stammte aus dem Baltikum und sprach das schöne harte Deutsch der dortigen Bevölkerung. Sie war bei Licht besehen keine echte Witwe, denn ihr Verlobter Dolf war im Krieg gefallen und «sie war seinem Andenken ihr Leben lang treu geblieben», wie man das beschrieb. Dafür hatte sie in der jungen Bundesrepublik einen mysteriösen Job beim Bundesnachrichtendienst gehabt, über den aber nicht gesprochen wurde. Meine Vermutung war, dass sie es viel spannender fand, als eine der wenigen Frauen bei einem Geheimdienst gegen die Russen zu arbeiten, als einem langweiligen Juristen sein Essen zu kochen und drei mühsame Kinder großzuziehen. Natürlich fand ich es großartig, eine echte Spionin in der Familie zu haben, und hoffte immer, in ihrer Handtasche Pistolen zu finden. Manchmal durchforstete ich heimlich ihre große weiße Handtasche mit dem Clip-Verschluss, aber leider waren darin immer nur eine Haarbürste mit Wildschweinborsten, ein Brillenetui, Pfefferminzbonbons und ein Lippenstift von Estée Lauder in Korallenrot.

Tante Bubu kam aus Böhmen und hatte die romantischste Liebesgeschichte von allen gehabt. Sie war der Paradiesvogel der Tanten, denn sie hatte zum Entsetzen ihrer Eltern als junge Frau den Beruf der Bühnenbildnerin erlernt und war in Dresden am Theater gewesen, bis der Krieg allen Herrlichkeiten ein Ende machte und sie zum Kriegsdienst, in ihrem Fall dem Bombenbauen, eingezogen wurde. «Aber stell dir vor, das war ja dann doch ganz fabelhaft!», sagte sie, wenn man sie auf so etwas Schreckliches ansprach. «Da habe ich ja Vladi kennengelernt!» Vladi war ein russischer Zwangsarbeiter gewesen, in den sie sich auf einer Bank vor der Bombenfabrik verliebt und den sie später geheiratet hatte. Der kleine Vladi war ein bettelarmer russischer Aristokrat mit wilden Augenbrauen und einem verschmitzten Gesicht, der acht Sprachen sprach, jedoch, wie meine Mutter im Halbton sagte, «keine Seife hatte». – «Aber weißt du, Goldi, er war der richtige Mann für mich!», erklärte mir die Tante einmal, und so dunkel und lang, wie sie das Wort Mann aussprach, war mir klar: Der kleine Russe musste ein fantastischer Liebhaber gewesen sein. Tante Bubu war untröstlich, als der sehr viel ältere Vladi starb. Ich weiß noch, wie wir bei seiner Beerdigung sein Lieblingslied sangen: «Der Mond ist aufgegangen» – und alle dabei schluchzten.

Von Tante Fiffis Liebesleben mit ihrem verstorbenen Mann Hannes hatten wir leider keine Ahnung. Nur dass es ihr großer Kummer war, dass ihre einzige Tochter Dorothee in die USA geheiratet hatte und sie ihre Enkel so selten sah. Für uns war vor allem wichtig, dass sie die Nummer mit der Weihnachtsgans im Griff hatte. Denn sie hatte es sich zur Aufgabe gemacht, uns an jedem ersten Weihnachtstag mit einem Federvieh zu beglücken. Meine Mutter bestellte die Gans Wochen zuvor auf dem Markt, «aber bitte mit allen Innereien», denn Fiffi machte aus dem Tier viele verschiedene Gerichte, was ich als Bofrost-Kind märchenhaft fand. So gab es Gänseklein mit Reis schon am Mittag des 24. Dezember als leichten Lunch, das Fett des Federtiers wurde ausgelassen und in einen Schmalztopf gefüllt. Denn hauchdünne Schmalzbutterbrote gehörten neben Slivovitz zu den weihnachtlichen Sünden beim nächtlichen Kartenspiel. Am 25. Dezember, wenn die anderen noch faul in den Betten lagen oder mit ihren Geschenken spielten, wurstelte die Koch-Tante in der Küche herum, um das stinkende, fette Vieh zu braten. Es dauerte Stunden, und am Ende mochte ich eigentlich nur die böhmischen Knödel mit Soße, die es dazu gab, vielleicht auch noch das Blaukraut und den Probierschluck Budweiser Pils. Aber die Tanten und mein Vater waren im Himmel! Der Tisch voller Meissener Porzellan, Dekor Rote Rose, aus der Aussteuer meiner Mutter, über den Krieg gerettet, mit Terrinen und Platten und Schüsseln und Etageren und Leuchtern. Meine tapfere Mutter hatte dann das Vergnügen, den verdreckten Herd und das gesammelte Meissener Porzellan abzuwaschen. Wie sie das hasste! Ich trocknete mehrere Stunden mit ihr ab, während die Tanten solange den Gänse-Mittagsschlaf schliefen.

Das Allerwichtigste an den vielen Weihnachtstischen mit dem schönen Porzellan waren für mich die Schildkrötensuppen-Tassen, die zur Vorspeise an Heiligabend auf die Tafel kamen. Leider gab es keine echten Krötenteile mehr, die in den Deckeltässchen herumschwammen – etwas, was für die vom Aussterben bedrohten Tiere ein Segen war, mich als Kind jedoch enttäuschte, auch wenn der feierliche Moment, in dem man den kleinen Deckel an der fein geformten Rose andächtig abnahm und auf die Seite legte, die Minute war, in der Weihnachten wirklich begann. Jedes Jahr begann dann Tante Fiffi zu erzählen, wie sie früher echte Schildkrötensuppe aus in Kisten gelieferten Kröten gemacht hatten. Bei uns dümpelten Markklößchen in der klaren Brühe herum, etwas, das ich ebenso unerhört seltsam fand. Mark aus Knochen zu kratzen, hatte etwas Abstoßendes, auch wenn es gut schmeckte, aber das gehörte eben auch zu Weihnachten. Die Suppe kam aus der Dose, von Lacroix, aber das störte keinen Menschen. Am 26. Dezember war wieder meine tapfere Mutter mit Kochen dran. Meist gab es einen gespickten Hasenrücken (von Bofrost), der für mich wie ein Stück Holz mit weißen Tierzähnen aussah – das waren die Fettstücke, mit denen er gespickt war und die ich unauffällig unter meiner Serviette verschwinden ließ, weil ich mich vor ihnen ekelte.

Nun war es so, dass es für die Tanten seit Urzeiten, also den Zeiten, als ihr Vater am Tisch die Mayonnaise aufgeschlagen hatte, nur ein wahres Weihnachtsdessert gab: Zitronencreme. Mit viel Eiweiß, Zucker, Zitronensaft, Zitronenschalen und einem Spritzer Weißwein. Die Zitronencreme war heilig, «locker wie ein Federengel», wie sie immer sagten. Meine tapfere Mutter, die das Kochen so hasste, war sich bei der Eheschließung mit meinem Vater sicher nicht bewusst gewesen, dass sie ein Leben als Zitronencreme-Köchin eingegangen war, denn das einzige Gericht, das mein Vater beherrschte, war Tomatenbrot mit Pfeffer. Sie hatte keine Lust, Nachtische herzustellen, und verwendete heimlich Dr. Oetker Paradiescreme, die nach Chemiebaukasten schmeckte. Um sie aufzupeppen, rieb ich bei Tisch mit großem Gestus frische Schalen von sizilianischen Zitronen darüber. «Höschte, ich weiß ja nicht», sagte Tante Mause dann jedes Jahr, ließ die Creme in ihrem Mund umhergleiten und überlegte sichtbar, warum die Creme so anders schmeckte als gewohnt. Dabei hatte sie das gute Familienrezept doch meiner Mutter gegeben! Mehrmals!

Die schlesischen Tanten waren neben der sachten Kritik an der Zitronencreme sonst sehr familienklug. Am Weihnachtstag gingen sie bis zur Bescherung meinem nervösen Vater aus dem Weg, dessen Aufgabe es war, den Weihnachtsbaum aufzustellen und zu dekorieren. Er trug nur an diesem Tag des Jahres einen total verfilzten moosgrünen Wollpullover, den meine Mutter ihm angeblich gestrickt hatte, als sie verlobt waren. In diesen geliebten Pullover, den er neben der Axt im Keller aufbewahrte, schlüpfte er nach dem Gänseklein-Essen, um den Baum aufzustellen. Jedes Jahr ein grauenvolles Gestöhne und Geschubbere, zerkratztes Parkett und dann der Höhepunkt des Dramas: «Der Stamm ist zu dick!» Wer hätte das gedacht! Denn meine Mutter hatte vor vielen Jahren einen Design-Ständer aus Skandinavien gekauft, in den man vielleicht eine dicke Sonnenblume, aber nicht eine Nordmanntanne stellen konnte. Also Axt und Messer her, und zack, den Stamm mit ein paar klaren Pfadfinder-Schlägen zurechtgeschnitten. In einem Jahr haute mein Vater leider beherzt daneben und zertrümmerte den Christbaumständer und einen Teil des Parketts. Entsetzensschrei des Vaters, die Tanten stürmten aus ihren Zimmern, in denen sie rote Mini-Äpfel mit Speck für den Baum polierten. Meine tapfere Mutter huschte in einen nahen Supermarkt, um einen Last-minute-Christbaumständer zu erstehen, potthässlich natürlich, sie warf über ihn und das zerhauene Parkett eine rote Tischdecke. Derweil schimpften die Tanten meinen Vater in seinem grünen Pullover aus: «Aber Karl! Wer ist denn so dumm, einen Baum auf dem Parkett zu kürzen!» Damit brachten sie ihren mit sich und der Welt tobenden Neffen schnell wieder auf den Boden.

Beim Abmarsch in die Kirche waren wir allesamt vollkommen erschöpft. Mein Vater schlief während der Predigt ein. Aber geistig erfrischt nach der Messe warteten wir Damen aus drei Generationen vor dem Weihnachtszimmer, bis das Glöckchen ertönte, das Vater bimmeln ließ. Tür auf – ohhhh! Hundert Lichter! Lichter überall. Mein Vater, der geborene Pyromane mit seiner speziellen Lichtputzschere, Kerzenkörben und Hölzchen, verstand es wirklich, ein herrliches Weihnachtszimmer zu gestalten.

«Oh, ist der Baum aber schön! Nein, wie schön!», riefen die Tanten mit kindlich leuchtenden Augen, und dann küssten wir uns alle die Wange, tranken ein Glas Winzersekt auf ziemlich nüchternen Magen, von dem ich beschwipst wurde und die Tanten auch. Das zertrümmerte Parkett war vergessen. Vor dem Geschenkeauspacken wurde die Weihnachtsgeschichte auf Latein gelesen, im Stehen. Tante Fiffi hatte sie immer als Kopie in ihrer Handtasche dabei. Als ich in der Quinta war und das erste Mal die Geschichte auf Latein lesen durfte, war ich sehr stolz: «Factum est autem in diebus illis exiit edictum a Caesare Augusto ut describeretur universus orbis…» In den ersten Jahren soufflierte Tante Fiffi mir die richtige Betonung, danach lief es wie ein Rap. Dass wir wahrscheinlich die einzige Familie im Umkreis von 500 Kilometern waren, in der die Weihnachtsgeschichte auf Latein gelesen wurde, kam mir nicht in den Sinn.

Natürlich rauchten die schlesischen Tanten von Beginn bis zum Ende ihres Besuches bei uns durch. Vormittags. Nach dem Essen. Zum Café. «Und eine letzte» am Abend. Aber sie pafften nicht irgendwie herum, sondern zündeten sich ihre «Zigarettl» zeitlupenmäßg elegant an. «Goldi, gib mir doch bitte mein Spitzl», sagten sie zu mir, wenn es losging. Denn alle drei steckten ihre Glimmstängel in lange schwarze Zigarettenspitzen, in die ich mit Begeisterung kleine Filter stecken durfte. Angeblich rauchten sie somit gesund, da alle Gifte im Filter blieben, aber die Tanten glaubten vielleicht selber nicht wirklich daran. Am Ende einer jeden Weihnachtszeit führte meine Mutter sehr ernste Gespräche mit meinem Vater darüber, dass dringend! der Maler kommen müsse, um all die Rauchspuren seiner! Tanten zu übermalen, es sei ja eine Zumutung, in einem solch verräucherten Haus leben zu müssen. Mein Vater antwortete dann wie ein Schweizer Diplomat, indem er den Stand des DAX mit den Investitionskosten des Malers ins Verhältnis setzte und einen Drei-Jahres-Streich-Plan empfahl. Das Ende vom Lied war: Alle fünf Jahre kam der Maler, und dann lohnte es sich auch.

Viel schöner als die Qualmerei der Tanten war das ungeheure Privileg, dass ich ihnen zwischen Weihnachten und Neujahr die Haare waschen durfte. Sie sagten dazu «den Kopf machen» – was fast so schön war wie der Weihnachtsabend, auch ohne Lichtermeer. Aus unerfindlichen Gründen wuschen sie sich das Haar nicht selber, wenn sie badeten. Denn sie duschten nicht. Nie. Fiffi, Bubu und Mause badeten lange und ausgiebig. Mit englischen Seifen und Naturschwämmen, die sie in ihren Besuchstagen auf dem Rand der Badewanne trocknen ließen und die sie an der Form unterscheiden konnten. Sie badeten mit hochgesteckten Haaren. Und es hätte mich nicht gewundert, wenn sie dazu noch ihre Brillantbroschen in die Frisur gesteckt hätten. Zum Haarewaschen und Frisieren gingen sie daheim einmal in der Woche zum Friseur.

Meist empfing ich sie am Nachmittag des 28. Dezember nacheinander im Badezimmer, das ich wie einen Friseursalon ausstaffiert hatte: mit Stapeln frischer weißer Frotteetücher, Bürsten und Kämmen, Klammern, Sprays, sogar der *Brigitte* und einem Handspiegel. Ich vergab wie im richtigen Frisiersalon Zeiten, die ich auf einen Zettel schrieb, und Bubu, Mause und Fiffi kamen dann tatsächlich mit diesem Zettel auf die Minute pünktlich zu mir. Sie setzten sich auf einen Hocker vor das Waschbecken, beugten folgsam den Kopf nach vorne, und ich musste es schaffen, mit Wasserhahn und Zahnputzbecher ihre Pferdemähnen erst nass zu machen, dann zu shampoonieren und wieder auszuwaschen, ohne dass ihnen Wasser in die Ohren lief.

«Nicht zu heiß?» – «Nein, genau richtig, Stefferl.»

Das Schönste war, dass ich bei ihnen ein Ei-Shampoo benutzen konnte, und dazu einen Silber-Festiger, den ich vor dem Fönen in ihre Mähnen sprühte. Weihnachts-Friseur im Bad! Das Trocknen der schweren silbernen Pferdemähnen dauerte ewig, denn ich musste die oberen Partien erst hochstecken, die unteren dann über eine Rundbürste fönen, Lage für Lage mich nach oben vorarbeiten. Ihre Haare waren schwer wie feuchte Decken. Wenn ich nach über einer Stunde mit einer der Tanten fertig war, die schimmernde Haarpracht über den Rücken fiel, war ich immer ganz selig. «Goldi, meine Friseurin macht das nicht halb so schön wie du», sagten sie dann etwa. Und immer steckten sie mir einen Fünfer zu. Doch ich tat es nicht des Geldes wegen. Sondern weil ich es liebte, in ihren Weihnachtshaaren zu wühlen oder zu lernen, wie man ihnen mit Dutzenden kleinen Haarnadeln elegante Chignons steckte.

Genauso faszinierend wie die Haarwäsche der Tanten waren ihre Bettgeh-Rituale. Wie zu ihren Kindertagen öffneten sie abends ihre Haare, bürsteten sie aus und flochten sie zu einem lockeren Zopf. Dann schlüpften sie in ihre knöchellangen weißen Leinennachthemden, die für mich die schicksten Nachtgewänder waren, die ich je gesehen hatte. Ich selber trug einteilige rote Frotteepyjamas oder geringelte rosa Nachthemden. Natürlich rauchten sie im Bett nicht, aber Tante Mause trank dort gern noch Wodka. Wenn sie sich von uns zur Nacht verabschiedete, mein Vater aufstand und ihr eine gute Nacht wünschte, flüsterte sie mir im verschwörerischen Bühnenton zu: «Goldi, bringst du mir gleich meine Medizin?»

Nichts tat ich lieber: runter in den Keller, zum Weinkühlschrank, dort die Wodkaflasche aus dem Eisfach nehmen, brrr, ganz beschlagen. Dann ein kleines Wodka-Glas, Stamperl genannt, bis zum Rand füllen und rauf zum Schlafzimmer von Tante Mause. Da saß sie schon bereit, im weißen Nachthemd, den Zopf über der Schulter, einen Band Tolstoi auf Russisch auf den Knien. «Ah, meine Medizin», sagte sie und nahm das Glas entgegen. Ein, zwei Schlucke, und schon war er weg, und ich zog mit dem Glas wieder ab, nachdem ich ihr einen Gutenachtkuss gegeben hatte. Sie roch wundervoll nach Chanel No. 5, Ponds Gesichtscreme, Haaren und ein wenig Zigarettenrauch.

Die schlesischen Weihnachtstanten sind kurz hintereinander hoch in ihren 80ern gestorben. Wahrscheinlich hatten sie keine Lust, ohneeinander zu leben. Oder ohne die anderen zu rauchen. Oder ohneeinander Weihnachten zu feiern.

Meinem Weihnachten fehlt seit ihrem Tod an jedem Tag etwas. Wie Tante Fiffi durch die Nase schnaubt. Wie Tante Mause die kleinen roten Äpfel für den Tannenbaum mit Speck poliert. Wie Tante Bubu die Vor- und Nachteile meiner verschiedenen Verehrer abwägt: «Na, was macht denn der Herr Florian mit seinem Jus-Studium? Und der Herr Harald in der Radlerhose?» Sie fehlen mir besonders an jedem 28. Dezember, wenn unser Haarwaschtag gewesen wäre. Mit Ei-Shampoo und Silberfestiger und dem Fünfer auf die Hand. Aber eines habe ich von ihnen übernommen: die Zitronencreme. Die echte, nicht die aus dem Paket. Sie ist ein Stück Weihnachtsparadies.

*Sören Sieg*

# Sensitiv

Pastor Hake musste irgendwie von meinem *Sensitivity Reading* erfahren haben. Wie sonst hätte er auf die Idee kommen können? «Wir müssen die Weihnachtsgeschichte überarbeiten», erklärte er mir.

«*Wir?*», fragte ich. «Du», stellte er klar.

Pastor Hake leitet die Matthäusgemeinde. Wir haben Leo, Lina und Lukas dort in den Kindergarten gegeben. Nicht weil wir engagierte Christen sind. Sondern weil im staatlichen Kindergarten Erzieherinnen mit Tom-Waits-Stimme ihre Arbeitszeit gleichgültig runterrissen und jede freie Minute zum Rauchen in der Spielplatz-Sandkiste nutzten. Im Matthäus-Kindergarten ging es um Vorlesen, Singen, Englisch, Brettspiele, soziales Verhalten. Da haben wir das bisschen Bibelstunde in Kauf genommen.

Und nun hatte der Pastor mich ausdrücklich in den letzten Novembergottesdienst eingeladen. Er habe anschließend etwas mit mir zu besprechen, etwas wirklich Wichtiges. «Sören, ganz ehrlich», begann er. «Hast du Spuren von Mikroaggression in meiner Predigt entdeckt?» Wir saßen im Espresso Coffee House. Weil er eingeladen hatte, wählte ich die teuerste Variante, den veganen Salted Caramel Latte XXL für 6,95 Euro.

«Vegan», grübelte er. «Du machst es richtig. Der Planet braucht unsere Hilfe. Aber ich schaffe es einfach nicht, auf Käse und Eier zu verzichten.» Er rührte in einem trüben Kräutertee.

«Also, Mikroaggressionen habe ich nicht entdecken können», beruhigte ich ihn. «Aber der Raum ist mir etwas zu groß vorgekommen für die Anzahl der Teilnehmer.» Ich hatte zwölf alte Damen gezählt, die laut Impfstatistik längst hätten tot sein müssen. «Und diese Leere zusammen mit der Dunkelheit wirkt irgendwie ...» Ich stockte.

Er beugte sich über den Tisch: «Düster?»

Ich nickte. Eine der Kellnerinnen grinste. Ich merkte, dass es mir peinlich war, mit dem Mann der Kirche hier gesehen zu werden.

«Du hast so recht! Für wen ist unsere Botschaft froh? Für wen, Sören, für wen?»

Ich hob bedauernd die Schultern. Ich hatte diese Botschaft nie als froh empfunden, die unabwendbar auf ein Jüngstes Gericht hinauslief, ohne Anwalt und Revisionsmöglichkeit.

«Aber wir wollen uns ja wandeln.» Er strengte sich zu einem zuversichtlichen Lächeln an. «Und ich glaube, du kannst dabei helfen. Eure Familie hat so etwas Fröhliches. In diese Richtung soll es gehen.» Es gebe bereits ermutigende Zeichen. Der Kindergarten sei auf Jahre hinaus ausgebucht. Der Posaunenchor werde ständig für Benefizbasare gebucht. Er selbst bilde sich fort, Familienaufstellung nach Hellinger, Gottesdienstgitarre, Ausdruckstanz, Seniorentöpfern. Dazu habe er mit geschlechtersensiblen Pastoren den *Arbeitskreis feministische Theologen in der Nordelbischen Kirche* gegründet und werde in der Adventsausgabe des *Nordelbischen Kirchenboten* einen mutigen Aufsatz veröffentlichen: «Das schwarze Schaf? Praktischer Antirassismus im Gottesdienstalltag.»

«Na, das hört sich doch gut an!», behauptete ich.

«Ja, und nun kommst du ins Spiel, Sören. Du kennst

dich ja aus mit *Sensitivity Reading*!» Er sah mich unerwartet scharf an. Ich fühlte mich ertappt. Da hatte sich etwas herumgesprochen. Bei meinem Buch über Couchsurfing in Afrika war dem Verlag in letzter Minute aufgefallen, dass da ein Weißer über Schwarze schrieb. Eine geschulte *Sensitivity Readerin* war auf den Text angesetzt worden und hatte mir erklärt, das Genre des Reiseberichtes sei bereits «weiß und kolonial». Sie hatte die Worte *Schwarzafrika, Stamm, Busch* und *Häuptling* aus dem Buch gestrichen, außerdem Adjektive wie *jung, alt, schlank, rundlich, hübsch, ebenmäßig, klein* und *groß*. Denn damit wurden Menschen aufgrund ihres Aussehens kategorisiert (*Lookism* hieß das Wort). Am Ende strich sie das Wort *Afrika* aus dem Skript, weil es nahelege, die Welt sei dort anders als hier (*Othering* war der Fachausdruck). Ich hatte Mühe gehabt, ihren Richtlinien zu folgen, zumal ich für das Buch monatelang durch Afrika gereist war, oder jedenfalls durch einen scheinbar anderen Kontinent, während sie in ihrem Leben aus dem Braunschweiger Land nicht herausgekommen war.

«Das trifft zu», sagte ich, «mit *Sensitivity Reading* habe ich Erfahrung.»

«Ebent. Und deshalb habe ich diese eine große Bitte an dich.» Sein Blick bekam etwas Flehentliches. «Und du darfst nicht Nein sagen!»

Als ob ich das gekonnt hätte. Im Studium habe ich Magisterarbeiten für andere verfasst. Ich habe neun Freunden beim Umzug geholfen. Ich habe Eva geheiratet. Ich habe nie jemandem einen Gefallen abschlagen können.

«Aber ... worum ... geht es denn?»

«Um Heiligabend! Um den einzigen Tag, an dem meine Kirche voll ist. Um die Predigt. Wichtiger Besuch hat sich angesagt.»

«Heiko», flüsterte ich, «ich kann doch keine Predigt schreiben!»

«Das sollst du doch auch nicht!» Auch er flüsterte jetzt. «Du sollst einfach nur die *Weihnachtsgeschichte* umschreiben! Sensitiv! Du bist doch total in der Übung!»

Die Kellnerin konnte unmöglich etwas verstanden haben. Aber sie grinste. Ich hätte einen Caffè Doppio vertragen können, fair und vegan. Aber er zahlte bereits, gab 35 Cent Trinkgeld und bat mich, ihn noch in Richtung seiner *Dienstwohnung* zu begleiten. Im prasselnden Regen wanderten wir die adventsdekorierte Hegestraße hinunter. Meine Aufgabe, erklärte er, bestehe lediglich darin, die sexistischen und rassistischen Elemente aus der Geschichte von Maria und Josef zu tilgen.

«Lieber zu viel als zu wenig!», beschwor er.

«Ist das denn überhaupt so sexistisch?», fragte ich unbedarft. Bisher war mir nichts dergleichen aufgefallen. Würde ich die sensitive Expertin des Verlages um Hilfe bitten müssen?

«Ja, genau», rief er. «Und bis wann kannst du fertig sein?»

«Brauchst du es noch vor Weihnachten?»

«Sören!» Er rang die Hände zum Himmel. Seine Verzweiflung war mein einziger Trost.

Abends, während Eva spannende Serien guckte, machte ich mich an meine neue Aufgabe. «Das Evangelium nach Lukas» war eine Enttäuschung. Meine Lieblingsfiguren, die Heiligen Drei Könige mit ihren Bergen an Geschenken, von denen sich meine Mutter immer hatte inspirieren lassen, kamen gar nicht erst vor. Die standen nur bei Matthäus, wo wiederum die Krippe und die Hirten fehlten. In meiner Erinnerung waren Maria und Josef in Bethlehem von Tür zu Tür gelaufen und an jedem Gasthauseingang von gierigen Wirten abgewiesen worden, bis sie schließlich diese leer stehende Hütte im Schnee fanden, wo Jesus dann geboren wurde. Bei Luther stand nur: «Denn sie hatten sonst keinen Raum in der Herberge.» Von Abweisung keine Spur! Hatte der Mann etwas weggelassen? Nein. Andere übersetzten: «Denn sie hatten keine Unterkunft.» Oder immerhin: «Denn im Gasthaus hatten sie keinen Platz bekommen.» Das klang nach einem Roman von Dora Held. Ich begann, die Schwere meiner Aufgabe zu ahnen. Und ich hatte nur einen XXL-Latte bekommen.

«Was machst du da, Schatz? Wann kommst du?», rief Eva aus dem Wohnzimmer.

«Umsatzsteuererklärung fürs vierte Quartal!» Ich hätte ihr die Wahrheit nicht erklären können.

Mit dem Sexismus hatte Heiko allerdings recht gehabt. Gleich vier Mal auf nur zwanzig Zeilen war vom *HErrn* in Großbuchstaben die Rede. Als ob man sich Gott als Großgrundbesitzer vorstellen müsste. Jetzt fiel es mir auch auf, dass es *der Engel* hieß – hatten Engel nicht etwas Weibliches? Oder waren es vielmehr geflügelte Transmenschen? Eva war Mitglied der Bruderküken-Initiative. Ich könnte sie um Rat fragen...

Zunächst machte ich aus dem *HErrn* kurzerhand *Gott*, aus dem *Weib* die *Verlobte*, und *Herberge* modernisierte ich behutsam zur *Beherbergungsstätte*. *Hirtinnen und Hirten* fand ich übertrieben. Konnte man auf *Hirtende* ausweichen?

Meine Lieblingsstelle war früher die Ansprache des Engels auf dem Felde gewesen: «Fürchtet euch nicht! Siehe, ich verkündige euch große Freude, die allem Volk widerfahren wird, denn euch ist heute der Heiland geboren, welcher ist Christus, der Herr, in der Stadt Davids.»

Tja. *Fürchtet euch nicht.* Wirkte das nicht irgendwie bedrohlich, sogar reißerisch, traumatisierend? Und schon wieder der sexistische *Herr*. Durfte man noch vom nationalistisch konnotierten *Volk* sprechen? Ich fand nach mehreren Versuchen die Lösung: «Und die geflügelte Botin rief: Macht euch keine Sorgen! Wir alle können uns freuen, denn heute ist ein Baby geboren worden, ein ganz besonders Kind, es heißt Jesus, und mit ihm wird nun alles gut!» Das war schlicht, weniger pastoral, zeitgenössisch und doch emotional.

Schwierig fand ich die Passage: «Und alsbald war da bei dem Engel die Menge der himmlischen Heerscharen, die lobten Gott und sprachen: Ehre sei Gott in der Höhe und Frieden auf Erden und den Menschen ein Wohlgefallen.»

Wer waren denn die *himmlischen Heerscharen*? Und wieso Gott *in der Höhe*? Das war doch wohl der Gestus patriarchaler Einschüchterung. Die katholische Jugend, erfuhr ich, nannte ihn neuerdings Gott+, gesprochen: Gott plus. Aber plus was? Klang irgendwie nach einem Handyvertrag. Ich machte mir einen Weihrauchtee, während Eva schlafen ging, und fand gegen Mitternacht die gültige Formulierung: «Plötzlich strömten viele Menschen herbei und sangen im Chor: Gott hat uns lieb, deshalb lasst uns Frieden schaffen auf dieser Erde, Demokratie, Freiheit und eine gesunde Umwelt, auf dass es allen gut gehe.»

Sensibel erneuert und an die Gegenwart herangeführt – so konnte die frohe Botschaft endlich wieder verstanden werden! Den Klimawandel würde ich auch noch irgendwo unterbringen. Pastor Hake würde begeistert sein.

Immer wenn ich etwas geschrieben habe, halte ich es für das Beste, was mir je eingefallen ist. Bis zu dem Moment der ersten Rückmeldung. In diesem Fall beim Edelvietnamesen Wat Pho, den ich Pastor Hake als Besprechungsort aufgenötigt hatte, da ich schon kein Honorar für meine Arbeit bekam.

«Und?», fragte ich erwartungsfroh und breitete die grüne Tannenbaumserviette auf meinen Knien aus. An der Pause, die folgte, merkte ich gleich, dass heute etwas anders war. Seine Haare wirkten ungewaschen, seine Haut unrein, möglicherweise hatte er auch vergessen, sich die Zähne zu putzen. Er entfaltete einen Zettel mit Notizen.

«Ja, einiges ist ganz gut oder jedenfalls ausbaufähig», gestand er mir zu. «Aber anderes ... du erwähnst zum Beispiel an keiner Stelle, dass Jesus schwarz war.»

«War er das?» Ich hatte noch nie davon gehört.

«Denkst du, er war blond und blauäugig? Warst du mal in Israel? Viele sind ganz schwarz da.»

«Na ja, viele ...» Ich räusperte mich. «Die Flüchtlinge aus dem Sudan vielleicht.»

«Ja, und waren Maria und Josef vielleicht keine Geflüchteten aus dem Sudan? Woher willst du das wissen?»

Ich sah ihn entgeistert an. Ich erkannte meinen verlässlich langweiligen Pastor Hake nicht wieder.

Er kroch halb über den Tisch: «Bedroht dich diese Vorstellung in deiner weißen Überlegenheit?»

Wo hatte er sich das denn nun angeeignet? In einem Workshop für gelebte Authentizität? Hatte er in einer Fortbildung *Aggressives Ausagieren für Langzeitpfarrer* erlernt?

Die Kellnerin kam an den Tisch, lächelte holdselig und servierte uns zwei große Schüsseln der berühmten vietnamesischen Reisnudelsuppe mit Koriander.

**Sensitiv**

«Sören, ich bin ganz ehrlich. Ich hatte mehr Klarheit von dir erwartet, mehr Geradlinigkeit, mehr Modernität.»

Er nahm einen zu großen Schluck Weißwein, verschluckte sich, hustete mehrere Male, gab gurgelnde Geräusche von sich, die Augen begannen zu tränen, dann schlug er die Hände vors Gesicht. Schluchzte er? Was war los?

«Es tut mir leid», flüsterte er plötzlich wie von ferne. «Du tust mir einen Gefallen, für nichts und wieder nichts, obwohl wir uns gar nicht kennen, obwohl du noch nicht mal gläubig bist, und ich ... ich ...» Er schluchzte?

«Heiko, was ist denn los?» Ich war kurz davor, meine Suppe kalt werden zu lassen.

«Nichts. Also ... Klara und ich, wir haben uns ...»

«Getrennt?»

«Gott bewahre! Gestritten haben wir uns. Wenn Klara sich scheiden lässt, bin ich erledigt in diesem Klub hier!»

Er nahm eine Elchserviette, schnäuzte sich und blickte dann zwei Minuten lang so intensiv ins Leere, dass ich nicht wagte, ihn anzusprechen. Dann sagte er leise: «Glaubst du, Gott verurteilt einen dafür, dass man liebt?»

«Aber was redest du denn?», widersprach ich. «Die Liebe ist etwas Wunderbares, das ist die Essenz der frohen Botschaft! Und wenn es mal in der Ehe nicht mehr so ganz rundläuft ...»

Ich verstummte, weil mir klar wurde: Pastor Hake hatte sich verliebt. Und nun lag seine Ehe in Scherben.

Wir träumen von einer weißen Weihnacht, aber dies war ein Schneesturm, der einem ins Gesicht blies. Die 500 Meter zur Matthäuskirche fühlten sich an wie Scotts Expedition zum Südpol. Lukas wollte nicht mitkommen, Lina zog sich drei Wollpullis übereinander, nur Leo war begeistert: «Endlich Schnee, endlich!», rief er.

Je heftiger der Wind blies und die Schneeflocken trieben, desto gemütlicher wirkte es in der alten Backsteinkirche. Pastor Hake wirkte nicht nur gefasst, sondern gelöst, umringt von aufgeregten Krippenspiel-Kindern. Wir hatten noch lange an dem Text gefeilt, und wer immer zu Besuch kommen würde – die Bischöfin? –, dies sollte ein ganz besonderer Gottesdienst werden.

Kurz bevor es anfing, ging eine blonde Mittvierzigerin direkt auf den Pastor zu, zog ihn beiseite und verwickelte ihn in ein Gespräch. Das musste Klara sein, seine Frau. Perfektes Timing für ein Beziehungsgespräch. Ich sah ihn erbleichen. Er blickte auf den Boden, dann zur Seite. Er schien sie einfach nur wegwünschen zu wollen. Wie eine Boxerin, die immer noch auf ihren Kontrahenten eindrischt, der längst in den Seilen hängt, kurz vorm K. o., redete sie auf ihn ein. Dann suchte sie sich einen Platz in der dritten Reihe.

Er kehrte zu den Kindern zurück, geknickt von einer unfrohen Botschaft. Dann war es so weit. Die Organistin begann, der Kinderchor sang *Vom Himmel hoch*. Hake trat an die Kanzel.

«Fröhliche Weihnachten!», rief er. «Liebe Kinder, liebe Erwachsene, liebe Gemeinde. Ich möchte heute eine Geschichte erzählen. Keine alte Geschichte für eine alte Zeit, sondern eine neue Geschichte für eine neue Zeit. Eine Geschichte, die sich so hätte abspielen können – und vielleicht auch so abgespielt hat.»

Er tupfte sich festlichen Schweiß von der Stirn. Entweder die echten Kerzen trugen zu stark zur Kirchenerwärmung bei, oder er fühlte sich nicht wohl mit unserem Experiment.

«Es begab sich nämlich, dass vor über zweitausend Jahren in einem Dorf namens Bethlehem ein Fest stattfand, ein musikalisches Fest, mit Zimbeln, Trompeten, Lyra und Klampfe, mit Gesang und Tanz, mit Speis und Trank. Lieder aus aller Herren Länder wurden angestimmt vom Tag bis in die Nacht.»

Wir hatten die Volkszählung als Akt staatlicher Repression identifiziert und in etwas Erfreuliches umgewandelt.

«Und so machte sich auch ein junges Paar aus Palästina auf den Weg zu dem Fest, mit Namen Maria und Josef.»

Er blickte auf seinen Zettel und stockte. Wo war das Problem? Wir waren den Text hundertmal durchgegangen. Es sollte ein antirassistisches Fanal sein. Hatte er schon wieder Angst um seine Stelle?

«Schwarz wie Ebenholz war Marias Haut, ihr geliebter Josef war hellbraun, und die Farbe spielte keine Rolle, weil sie sich liebten.»

Hake sah auf den Text, nahm seine Brille ab, putzte sie kurz, als ob er die Schrift dadurch besser lesen könnte. Mir schien, dass sogar seine Hand zitterte, als er die Brille wieder aufsetzte.

«Und weil sie sich liebten», singsangte der Pastor, «deshalb... machten sie Liebe miteinander, und so war es kein Wunder, dass Maria...», er schluckte, «schwanger wurde.» Was war daran so ungewöhnlich, dass er stockte und stammelte?

Lukas flüsterte: «Hatten die nicht damals so Zeugs aus Schafsdarm oder so? Zum Verhüten?»

Vielleicht war der Matthäus-Kindergarten doch nicht so unschuldig, wie wir glaubten.

«Und so nahm Josef seine schwangere Maria und beschloss...»

In diesem Moment stand eine junge Frau in der zweiten Reihe auf. Ihre Haut war schwarz wie Ebenholz. Ihr Alter war schwer zu schätzen. Möglicherweise studierte sie Theologie. Vielleicht war es eine ehemalige Konfirmandin. Alle blickten sie an, als sie aufstand, nur Pastor Hake nicht. Sie richtete sich auf, streckte ihren Arm aus, zeigte dem Pastor den ausgestreckten Mittelfinger und verließ dann durch den Mittelgang die Kirche.

«Josef nahm sie auf einen Esel», sprach Hake trotzig weiter, «und so gingen sie Richtung Bethlehem, um daselbst...»

Nun stand die blonde Mittvierzigerin auf, die vorhin so lange auf ihn eingeredet hatte.

Heiko Hake war nicht gewillt, sich noch einmal unterbrechen zu lassen. «... noch vor Einbruch der Dunkelheit am Festgelände zu sein und die ganze Nacht ausgelassen zu singen und zu tanzen. Und als die beiden endlich...»

«Dann ist es also wahr?», fragte die Frau wie zerschmettert, mit gebrochener Stimme, dennoch laut. Ihre Blicke trafen sich für einen Moment. Dann verließ auch sie schnellen Schrittes durch den Mittelgang den Kirchensaal.

Pastor Hake starrte einen Moment auf seinen Text. Dann raffte er sich auf und stürmte hinterher: «Klara, Klara!» Er lief aus der Kirche in den Schneesturm. Die Kanzel war leer. Nach einem Moment der Stille setzte Gemurmel ein, vorsichtig zuerst, dann unruhig und auch belustigt.

«Kommt der noch mal wieder?», krächzte eine betagte Dame.

Lina kroch zu mir herüber. «Papa, geh du doch nach vorne! Der kommt nicht mehr!»

«Ausgeschlossen! Ich glaube nicht an das Zeug!»

«Aber den Text hast du mit ihm geschrieben. Du musst das jetzt durchziehen!» Ich würde sie aus dem Matthäus-Kindergarten nehmen müssen, wenn da dermaßen streng an die Verantwortung der Eltern appelliert wurde. Das überforderte die Kinder! Sie sah mich mit ihren warmen braunen Augen an, die mich immer an meine Omi erinnern. Und ich gehorchte mechanisch. Langsam ging ich nach vorn und stellte mich vor die Kanzel.

«Eigentlich habe ich hier nichts zu suchen», sagte ich. «Aber ich habe mit meinem Freund Pastor Hake in den letzten Wochen viel über die Weihnachtsgeschichte nachgedacht. Warum ist das so eine tolle Geschichte, haben wir uns gefragt. Und warum feiere sogar ich als Zweifler so gerne Weihnachten?»

Ich sah meine Familie in der sechsten Reihe. Eva schien wahnsinnige Angst zu haben, dass ich sie mal wieder blamieren würde. *Mach dir keine Sorge*, dachte ich.

«Warum?», fragte ich. «Weil es um eine Geburt geht. Weil es ihr erstes Kind ist und die Umstände so widrig sind. Sie haben nicht mal ein Zimmer. Sie haben kein Geld. Das ist alles egal. Denn im Stall ist es warm. Das Baby ist gesund. Und dann kommen alle zu Besuch: die Hirten, die Heiligen Drei Könige. Alle wollen das Neugeborene sehen. So wie heute alle in diese Kirche gekommen sind. Mit all den Kindern. Warum sind denn Kinder so toll? Warum ist eine Geburt so berührend?»

Ich war und bin ungläubig. Doch jetzt stiegen mir die Tränen hoch. Dieses Thema macht mich immer fertig. Aber ich riss mich zusammen. Ich wollte Eva nicht blamieren. Und ich wollte nicht die erste und letzte Predigt meines Lebens vermasseln.

«Weil wir mit jedem Baby, das in der Krippe liegt, das Leben retten. Das Leben selbst. Deswegen kommt nach der Geburt die ganze bucklige Verwandtschaft zu Besuch. Man will sie gar nicht alle sehen. Sie kommen trotzdem, sie können nicht anders. Es ist eine Art Magnetismus. Sie rennen diesem Stern hinterher.»

Irgendwann gab Eva mir ein Zeichen, dass ich dringend zum Ende kommen müsse. Und weil Pastor Hake mir so leidtat, schloss ich mit meinem Lieblingszitat von Jesus: *Wer ohne Sünde ist, der werfe den ersten Stein.*

Dann gab es noch das Krippenspiel, der Chor sang *O du fröhliche* und *Es lagen die Hirten im Felde bei Nacht* und *In dulci jubilo*, und um sechs waren wir wieder zu Hause. Auf dem Balkon lag der Schnee einen halben Meter hoch.

«Alter, das war echt zu dick aufgetragen», sagte Lukas, als wir vorm Tannenbaum mit den gelben Bienenwachskerzen saßen, vor den Geschenken, die wir in den nächsten Stunden auspacken würden.

«Ich fand's okay», sagte Lina. «Singen wir jetzt noch *Es ist ein Ros entsprungen*?»

«Oh nein», stöhnte Leo. «Nicht noch mal singen. Bescherung!»

«Wir singen *Es ist ein Ros entsprungen*, und dann machen wir Bescherung», bestimmte Eva.

«Na toll!», ärgerte sich Leo.

Pastor Hake sieht man jetzt öfter in Eimsbüttel mit seiner jungen schwarzen Gefährtin sein schwarzes Baby im Kinderwagen spazieren fahren. Es heißt, sie hätten sich auf einem Weltmusikfestival kennengelernt, und sie wohnten bereits zu dritt in seiner Dienstwohnung.

«Sören!», hatte er bei unserem ersten Treffen nach dem denkwürdigen Weihnachtsgottesdienst gerufen. Ich hatte ihm nicht entwischen können. «Du bist mir einen XXL-Latte schuldig! Du sollst eine total konventionelle Predigt gehalten haben! Sag mal, wofür habe ich mit dir gearbeitet? Meine Güte! Und so was nennt sich nun vegan.» Er schüttelte nachhaltig den Kopf. «Von Sensitivity bist du noch weit entfernt!»

Seine Stelle durfte er behalten.

*Marie Stadler*

# Schneeweiß und Grinchgrün

*1. Dezember*

«Chriiiiiiiiiiis!!!!»

Meine Stimme klingt lauter und hysterischer als geplant. Angestrengt lausche ich ins Haus und höre: nichts. Natürlich nicht. Um meinen Mann in Wallung zu bringen, braucht es mehr als Lautstärke und Hysterie. Nach jahrelanger Übung habe ich den perfekten Tonfall eigentlich drauf.

Konzentration. Räuspern. Luft holen.

Und: «Christiaaaaaaaaaaaaan!»

Wieder ein paar Sekunden Stille, dann folgen schwerfällige Stöhngeräusche und die schleppenden Schritte eines hochbetagten Wachkomapatienten. Aaaaaha, er weiß also ganz genau, um was es geht. Sicher hat er schon im Januar den Plan gefasst, die Weihnachtskiste hinter zwanzig Koffern und der alten Kinderküche zu verkanten, um Weihnachten zu vereiteln.

Ich stelle mich in Pose, um meinem vierzigjährigen und vollkommen unkomatösen Mann den Ernst der Lage auf den ersten Blick klarzumachen. Als er mich sieht, hält er inne und schlägt sich seine Hand gegen die Stirn.

«Bitte sag nicht, dass du noch mehr Deko runterholen willst!» Er sieht ernsthaft verstört aus.

«Wie meinst du das, noch mehr Deko? Ich bin Minimalistin!», verteidige ich mich und zähle ihm in weniger als drei Minuten die wenigen Weihnachtselche, Schlitten, mit Kunstschnee versehenen Birkenäste, Sterne, Anhänger, Kerzen, Lichterketten und Winterhäuschen auf, die ich schon im Haus verteilt habe.

«Das ist quasi gar nix!», schließe ich meine Aufzählung. Und nur fürs Protokoll: Das meine ich auch so.

Kopfschüttelnd und wortlos schlurft mein Gatte die letzten Treppenstufen nach oben und zieht mit seinen langen Armen aus der allerhintersten Ecke unserer persönlichen Ramschabteilung meinen heiligen Weihnachtskarton. Okay, *einen* meiner sieben heiligen Weihnachtskartons. Mit klirrendem Rumms landet er vor meinen Füßen.

«Wehe, das war wieder das Bein vom Krippenschaf!», knurre ich.

«Wehe, das Drecksviech lebt noch!», knurrt er zurück.

Meinen Laserblick bekommt er nicht mal mehr mit. Er hat leise fluchend den Rückzug angetreten.

Es gibt keine Jahreszeit, in der deutlicher wird, was wir uns mit der Eheschließung vor zehn Jahren angetan haben. Ich bin mir nicht sicher, ob wir überhaupt irgendetwas gemeinsam haben (wenn man mal von unserem Haus und den vier Kindern absieht). «Wir ergänzen uns prima», ist die freundlichste Formulierung der Sachlage, die allerdings den Kleinkrieg ein wenig verschleiert, der hier tagtäglich vor sich hin schwelt und zur Weihnachtszeit gelb flammend auflodert. Meist ist es mir egal, dass wir so verschieden sind. Türenknallen ist insgesamt heilsam, und ich mag ihn halt einfach, diesen Marsmenschen auf der rechten Seite des Bettes. Nur im Dezember, da finde ich ihn unzumutbar. Da verfärbt sich sein hübsches Gesicht samt seiner eigentlich guten Seele grinchgrün, und mir bleibt nur ein einziger Trost: Weihnachten. Dieses Jahr sogar weiße, in den Bergen.

23. Dezember, 09:23 Uhr
Mit einem fetten Lächeln auf den Lippen verriegele ich am Tag vor Heiligabend die Haustür und lasse mich voller Vorfreude auf den Beifahrersitz plumpsen. Endlich ist es so weit.

«Naaaaaa, wer ist aufgeregt?», frage ich in den Rückraum.

«Mio», schreit mein Jüngster. «Mio, Mio, Mio!»

Das macht er immer, wenn jemand eine Frage stellt, die er nicht versteht, seit ich einmal gefragt habe, wer ein Stracciatella-Eis möchte, und er es verpasst hat, seinen Namen rechtzeitig ins Spiel zu bringen.

«Aha», murmele ich leise und wage einen Blick in den Rückspiegel. Neben Mio boxen sich Neele und Lasse geräuschlos in die Rippen. In der hintersten Reihe sitzt zwischen Babybett, Geschenken und Tannenbaumschmuck eingequetscht das Teeniemädchen und schmollt über die Sitzplatz-Arschkarte.

«Och, Leute! Mal ein bisschen Begeisterung bitte!» Ich stöpsele mein Handy an, um die White-Christmas-Playlist abzuspielen. In meinem Körper blubbern die Endorphine. Es ist das erhebendste Gefühl einer ganzen Reise, endlich alles im Auto zu haben, keine Waschmaschine mehr abwarten zu müssen und rückwärts vom Hof zu rollen.

Doch noch ehe mein Grinch-Mann den Motor startet, wird Bing Crosbys samtweiche Stimme von der Titelmusik der *Drei Ausrufezeichen!!!* unterbrochen. Die Kinder haben sich mein Handy gemopst und das Kommando übernommen. Eine Folge namens *Tatort Hollywood* der wahnsinnig schlecht gemachten weiblichen Version der *Drei Fragezei-*

*chen* scheint ihnen passender für den Start in unsere gemeinsamen Weihnachtsferien als «White Chrismas» und «Oh holy night».

«Lass sie doch!», beschwichtigt mein Mann. «Diese Waschlappenmusik zur Weihnachtszeit nervt doch eh nur!»

«Aha», presse ich hervor. «Waschlappenmusik ... Aber diese sexistischen Rotzgören ohne jeglichen feministischen Anspruch, die nerven niemanden, ja? Echt jetzt, findet die keiner von euch peinlich außer mir???»

«Mio!», krächzt es aus dem Kindersitz, und ich bin froh, wenigstens einen Zweijährigen auf meiner Seite zu haben. Nur noch wenige Stunden, dann habe ich außerdem meine Familie hinter mir. Also den Teil der Familie, der noch an Traditionen glaubt, der Adventskränze selber bindet, in die Kirche geht an Heiligabend, jedes Jahr zur selben Zeit Krabbencocktail isst, mit dem Glöckchen klingelt, echte Weihnachtsmusik hört, immer das gleiche Spritzgebäck gebacken hat und noch echte Nürnberger Lebkuchen in Nürnberg kauft, auch wenn der horrende Preis dafür zu den sieben Todsünden gehört.

«Schade, dass wir dieses Jahr nicht zu meiner Familie fahren», unterbricht Chris meine Gedanken.

«What?», frage ich verdutzt. Vor meinem geistigen Auge zieht das letzte Weihnachtsfest in Braunschweig vorbei. Mein Schwiegervater begann um 17 Uhr, den Esstisch abzuschleifen, und erst am Abend merkten wir, dass der Plan, Sushi zu bestellen, nicht aufgehen würde, weil auch Sushi-Lieferanten Weihnachten feiern. Wir haben dann auf dem Teppich Börek gegessen, die noch wegmussten, ehe sie vollends vergammelt waren. Als Weihnachtsmusik musste die akustische Untermalung mit dem Schleifgerät herhalten.

«Deine Eltern sind an Weihnachten immer so ... *drüber*!», stöhnt Chris, während die drei Ausrufezeichen sich darüber unterhalten, ob ihre Oberschenkel zu dick sind für den Pool in Hollywood.

«Wenigstens kann man bei meinen Eltern an Heiligabend an einem *Tisch* sitzen, und es gibt *Traditionen*!», ätze ich zurück.

Je höher wir uns auf den Berg schlängeln, desto weißer wird die Landschaft um uns herum. Ich scrolle mich noch einmal durch die Bilder, die meine Mutter mit Herzaugen-Emojis gespickt hat. Das Chalet ist ein Traum. Ich fühle mich wie in einem amerikanischen Weihnachtsfilm, in dem die Superreichen in ein perfekt geschmücktes Haus in die Berge fahren. Im Oberharz liegen zehn Zentimeter Neuschnee. Gerade als wir auf den Hof fahren, fängt es an zu schneien.

Wahrscheinlich hat meine Mutter am Fenster gewartet. Die Haustür mit dem pompösen Tannenkranz öffnet sich, und sie rennt uns strahlend mit offenen Armen entgegen.

«Bisschen gruselig, deine Mutter!», flüstert Chris.

Lasse und Neele rennen auf Socken durch den Schnee in Omas Arme, Mio starrt gebannt auf die ersten tanzenden Schneeflocken seines Lebens. Meine Mutter knuddelt erst unsere Mittleren, knutscht das angewiderte Teeniemädchen ab und schnappt sich dann das bibbernde Kleinkind.

«Na, wer möchte eine heiße Tasse Kakao und Nürnberger Lebkuchen?», fragt sie in diesem feierlichen *Jetzt-beginnt-Weihnachten*-Tonfall. Und während Mio gefühlte zwanzig Mal seinen Namen kreischt, wird mir klar, dass passiert ist, was ich nie für möglich gehalten habe: Ich bin wie sie geworden.

**Schneeweiß und Grinchgrün**

«Echt bisschen gruselig, meine Mutter!», wispere ich meinem Mann zu und fühle mich so mies wie eine moppelige Siebtklässlerin, die die andere Moppelige nur deshalb mitdisst, um nicht selbst gedisst zu werden.

Im Inneren des Chalets ist es mollig warm. Mein Vater kniet vor dem großen Kamin und stochert wie in Trance in der Glut rum.
«Hey, Paps! Ist heut Herrensauna, oder können wir reinkommen?» Die anderen sind längst in der Küche verschwunden. Ich lasse die schwere Tasche von meinen Schultern mit lautem Krachen auf den Boden plumpsen. Er zuckt zusammen, hebt kurz die Augenbrauen und brummt.
«Zum Glück seid ihr angekommen, bevor der ganz große Scheiß losgeht ...»
Bei meinem Vater gibt es keine gemäßigten Wetterlagen. Es gibt nur desaströse Unwetter, Hurricanes, Dürren, Schneestürme, Katastrophenlagen und Heuschnupfen-Wetter. Warn-Apps hält er für Heuchler, weil sie viel zu selten warnen. Wenn es auf Südafrikas Bergspitzen zu schneien beginnt, holt er vorsorglich das Streusalz raus. Ein Meet and Greet mit dem NTV-Wetterfrosch würde ihn so sehr entzücken wie mich ein Treffen mit den Obamas. Um nicht versehentlich in ein Gespräch über den ganz großen Scheiß verwickelt zu werden, laufe ich in die Küche, in der meine Mutter mit Mio zu Bing Crosby tanzt und meine Schwester Resi, mein Mann und die drei anderen Kinder peinlich berührt an ihrem Kakao nippen.

*24. Dezember, 06:30 Uhr*
Am nächsten Morgen schleiche ich auf Zehenspitzen über kalte knarzende Dielen in die Küche, um den Heiligen Morgen ganz alleine mit einem heißen Milchkaffee zu beginnen. Es schneit noch immer. Als ich die Kühlschranktür öffne, schlägt mir der Duft der Cocktailsoße entgegen, der an die Weihnachtsfeste meiner Kindheit erinnert. Ich stibitze mir einen Lebkuchen mit Zuckerguss, setze mich auf die Fensterbank und atme den holzigen Winterkaffeeduft ein. «Das hier», denke ich, «könnte das schönste Weihnachten aller Zeiten werden.»

*24. Dezember, 16:15 Uhr*
Ein gemeinsames Frühstück, drei Bastelstunden, ein Fernsehweihnachtsmärchen und fünfzehn Lebkuchen später stehen wir vor der schneebedeckten Kapelle des Bergdorfs. Mein Vater ist wie immer zu Hause geblieben. Schließlich braucht das Christkind einen Pförtner, der die Tür aufschließt.

«Dann mal los, ihr Mäuse!» Meine Mutter schiebt Lasse und Neele zu den großen Pforten und freut sich darauf, gleich so laut ‹O du fröhliche› zu schmettern, dass auch die Schwerhörigen wissen, worum es geht. «Wenn wir wiederkommen, war vielleicht schon das Christkind da!», flüstert sie, als wir eintreten.

«Oder Opa ...», grinst Lasse hämisch. «Es gibt nämlich gar kein Christkind und auch keinen Weihnachtsmann, hat Mia aus dem Hockey gesagt!»

Ich sehe, wie meine Mutter nervös mit den Augen kniepst.

«Einen Weihnachtsmann gibt es nicht, nein!» Ihre Stimme klingt etwas ungehalten. «Der Weihnachtsmann ist eine Erfindung von Coca-Cola! An so etwas glauben wir nicht. Aber es gibt das Christkind, Lasse!»

«Weinanaaaa! Hohoho!», brüllt Mio, während wir die dunkle Kirche betreten und unsere Finger in Weihwasser tunken, das den Menschenmassen in der Kirche zufolge mittlerweile vermutlich ähnlich verseucht ist wie der Ganges.

«Nix da, Weinana!», zischt meine Mutter, bekreuzigt sich hektisch und lacht nervös, um sich vor Gott für die missratene Brut zu entschuldigen. «Christkind! Es gibt nur das Christkind!»

«Und Coca-Cola», grinst meine Schwester. Mein Mann gibt ihr High five. Eine Sekunde später klingelt sein Handy auf Lautstärke 10.

«Meine Eltern stehen vor eurer Tür und kommen nicht rein!», informiert er mich kurz und ist schon draußen.

«Was soll das heißen?», keuche ich. Ich eile hinter ihm her durch den Schnee in Richtung Auto. Hinter uns läuten mahnend die Glocken, die Orgel setzt ein. Meine Mutter, die Kinder, meine Schwester rennen uns nach.

«Der Gottesdienst», wirft meine Mutter ein und klingt wie Mio, wenn er ‹Bagger!› ruft, weil wir an einer Baustelle weitergehen, statt dem Bagger zu huldigen.

«Ja, keine Ahnung!», schimpft Chris in meine Richtung. «Dein Vater müsste doch da sein! Wo ist der denn? Ist der schon in dem bisschen Schneesturm verschollen?»

Ich blase Rauch in die Luft wie eine wütende Comicfigur. Im Auto erfahren wir, was los ist. In Braunschweig ist die Heizung ausgefallen. Und meine Schwiegereltern fanden offenbar die Idee fantastisch, dann mal eben zu uns zu fahren. In ein Chalet, in dem wir zu neunt wohnen und das laut Beschreibung maximal sechs Leute fasst. Mir fällt dazu sehr viel ein, aber ich entscheide mich für vielsagendes Schweigen, auch wenn ich weiß, dass das hier kein gutes Ende nehmen kann.

*24. Dezember, 16:51 Uhr*
«Da seid ihr ja endlich!»

Meine Schwiegermutter wippt ungeduldig von einem Bein aufs andere und reibt sich die Hände. Dann umarmt sie ihren geliebten ältesten Sohn und guckt uns streng an, so als wäre all das genauso geplant gewesen und wir mal wieder zu spät dran.

«Wir erfrieren hier! Ich brauche dringend einen Kaffee, aber dein Bruder ist zu geizig, um bei McDonald's anzuhalten.»

Sie stupst ihren Jüngsten in die Rippen, Timo. Er überragt sie um zwei Köpfe. Neben den beiden steht mein Schwiegervater und guckt so unbeteiligt, als hätte dieses ganze Schauspiel hier nicht das Geringste mit ihm zu tun. Das kann er gut. Und wenn er das ansatzweise auch so fühlt, will ich auf der Stelle lernen, wie er zu sein.

Ich atme ein, ich atme aus, ganz langsam. Es ist verblüffend, wie wenig Wehenatmung bringt, wenn das Ziel ist, eine Schwiegerfamilie zurück nach Braunschweig zu atmen.

Nicht, dass ich sie nicht mögen würde. Ich mag sie. Halt bloß nicht an Weihnachten. Und noch viel weniger an einem Weihnachten mit meinen Eltern, das minutiös durchgetaktet ist und das nach Regeln spielt, die selbst für mich schwer durchschaubar sind. Eine dieser Regeln besagt, dass ‹O du fröhliche› gegrölt wird, und kein Erdbeben oder Staatsputsch oder Helene-Fischer-Konzert im Nachbarsgarten können diesen Plan zu Fall bringen.

Und nun stehen wir hier mit einer kaffeedurstigen Schwiegermama, einem allenfalls körperlich anwesenden Schwiegerpapa und einer noch viel weihnachtshassenderen und zehn Jahre jüngeren Zwei-Meter-Version meines Mannes. «Dann mal los!», drängelt meine Schwiegermutter. «Bestimmt kommt er ja auch gleich: der Weihnachtsmann! Hohohoooo!»

*24. Dezember, 17:10 Uhr*
«Ah, schön heiß hier drin!», freut sich Timo und reibt sich die Hände über dem Kaminfeuer, dessen Hitze schon wieder halb Sibirien in tropische Verhältnisse stürzen könnte. Wir trinken Kaffee. Die Kinder sind samt Schwiegervater und Handy abgezischt. Meine Mutter hängt als Häufchen Elend in der Ecke.

«Wir haben gar nicht so viel zu essen», murmelt sie. «Und Schlafplätze gibt es auch nicht genug, da müssen wir uns was einfallen lassen.»

«Mhmh.» Mein Mann macht die Geräusche, die er immer macht, wenn er vorgaukelt zuzuhören, aber längst abgeschaltet hat. Seine Mutter hat kein bisschen abgeschaltet.

«Ach was, kein Problem!», befindet sie, schlürft tatkräftig ihren letzten Schluck und steht mit einer Energie auf, die das Schlimmste befürchten lässt.

«Timoooo, Manfreeeeeed!!!!» Ihre Stimme lässt die Luft erbeben, und es erstaunt kein bisschen, dass Sekunden später mein Schwager, sein Vater und auch Chris vor ihr strammstehen.

«So!», beginnt sie, und ich sehe, wie meine Mutter noch tiefer in ihren Sessel sinkt, ihr Gesicht unter ihren kleinen Händen vergraben. Dieses «So!» kennt sie von meinem Mann. Sie hält es für schwarze Magie, denn nach einem stadlerschen «So!» gibt es keinen Widerspruch. Niemals. Von niemandem.

«Manfred, du holst die Kettensäge aus dem Auto und schlägst ein paar Bäume! Daraus bauen wir Betten. Bring noch einen Weihnachtsbaum mit, der hier ist bisschen mickrig. Timo, du schnappst dir die Geschenke und das Weihnachtsmannkostüm. Chrissi? Pizzadienst! Jetzt!»

Sekundenlang herrscht Stille.

Das Entsetzen steht meiner Mutter ins Gesicht geschrieben. Mein Vater steht kreidebleich neben ihr. Er ist der Erste, der sich wieder fängt. «Ihr könnt doch jetzt unmöglich in den Wald gehen!», wagt er. «Da kommt was ganz Dickes auf uns zu!»

Die Stadlers lassen sich nicht beirren. Wie aufgezogene Zinnsoldaten rennen Manfred, Chris und Timo los zu ihrer Mission. Um auf keinen Fall meinen Eltern in die Augen sehen zu müssen, die gerade mental ihr besinnliches Weihnachtsfest begraben, eile ich Chris hinterher und google nach Lieferdiensten im Harz. Unter jedem einzelnen steht «geschlossen».

Chris sieht mich Hilfe suchend an. «Schau nicht so!», zische ich. «Du hast meine Mutter gruselig genannt!» Er nickt und beugt sich nah an mein Ohr. «Da wusste ich noch nicht, dass mein Vater eine Kettensäge im Kofferraum hat!»

*24. Dezember, 20:15 Uhr*
Pünktlich zur Primetime sitzen wir dicht gequetscht unterm Baum. Die Lebkuchen-Bio-Garnelen-Tankstellenhotdog-Eierpunsch-Suppe stößt mir sauer auf. Meine Schwiegermutter hat Andrea Bergs Christmas-Edition aufgelegt. Der Gesichtsausdruck meiner Mutter ist fünf nach panisch.

Die Kinder hüpfen zwischen uns auf und ab. Und ich fühle mich auf dem Sofa noch betrunkener, als ich tatsächlich bin, oder ich bin betrunkener, als mir vor diesem Geschaukel bewusst war. Sachlage zunehmend unklar.

An der Tür klopft es.

«Weinanaaaa, Weinananaaa!», ruft Mio und klatscht in seine kleinen kekskrümeligen Finger.

Quietschend geht die Tür auf. Es würde mich nicht wundern, wenn jetzt gleich der *Scream*-Typ mit seiner Gruselmaske vor uns stehen würde. Aber es ist Timo im roten Samtanzug, mit weißem Rauschebart und schweren Stiefeln. Die neu geschlagene Tanne ächzt. Sie ist so groß und schwer, dass sie in dem kleinen Ständer gefährlich präzise dem Turm von Pisa ähnelt.

Von oben hämmert, sägt und bohrt es. Mein Schwiegervater wohnt der Bescherung nicht bei, weil das dritte Bett noch nicht fertig ist. Dass es keine Matratzen mehr im Haus gibt und das Bauprojekt somit vollkommen irre ist, habe ich dreimal erwähnt. Es wurde dreimal gekonnt ignoriert.

«Hohoho! Wart ihr denn auch alle schön brav?», fragt der Timo-Weihnachtsmann vollkommen talent- und emotionsfrei. Es bleibt kein Zweifel, wie sehr er die Rolle hasst.

Mit einem unguten Gefühl nehme ich zur Kenntnis, wie meine Mutter sich von Sekunde zu Sekunde immer höher aus den Kissen heraus aufrichtet. Nicht, dass ich sie gerne in sich zusammengesunken gesehen habe; es war nur sicherer. Denn nichts ist gefährlicher als friedliebende Menschen, die sich vergessen. Vor allem solche, die Räucherstäbchen in den Händen halten und zum Äußersten bereit sind, wenn man ihnen Weihnachten versaut.

Gerade als Timo Lasse verwarnt, er könne auch Knecht

Ruprecht aus dem Wald holen, wenn er weiter so frech sei, ist es so weit. Meine Mutter erhebt sich wie der tot geglaubte Hulk. «Um Himmels willen! Marie, Resi! Auf ein Wort!»

Noch nie habe ich meine Mutter so laut erlebt.

An unseren Hipster-Weihnachtspullis, die wir extra für heute bestellt haben, zerrt sie uns in den Flur.

«Es reicht!», zischt sie wütend und legt ihre Hand auf Resis Schulter, um sich selbst zu beruhigen. «Zieh dir gefälligst was Weißes an! Dieses Schauspiel muss ein Ende haben. Weihnachten ist doch kein Zirkus!»

Entgeistert schauen wir zu, wie sie aus einer Ikea-Tasche goldenen Flitter fischt und ihn auf meiner Schwester verteilt. Noch ehe sie protestieren kann, sprüht sie ihr aus einer alten Sprühdose Goldpartikel auf die Haare und schiebt sie energisch zur Treppe. «Was Weißes! Los!»

An den Augen meiner Schwester erkenne ich, dass sie noch wesentlich mehr Eierpunsch hatte als ich. Willenlos wankt sie die Stufen hoch, hinter ihr eine glitzernde Goldspur.

Als wir wieder ins Wohnzimmer kommen, steht mein Vater geduckt vor dem Fenster, beobachtet die harmlosen Schneeflocken und kraust sorgenvoll die Stirn.

Es klopft erneut. Meine Mutter springt auf und fuchtelt so wild mit ihren Armen, dass selbst Mio von seinem neuen Bagger aufschaut. «Oh!», ruft sie aufgeregt. «Ooooooohhhh! Ob da wohl das Christkind ist?»

Irritiert starren alle zur Tür. Ich schlage die Hände vor die Augen und traue mich nur, durch den Minispalt zwischen Ring- und Zeigefinger durchzuschielen.

Und da steht es. Das Christkind. Goldglitzernd, betrunken und nackt, wie Gott es in der Heiligen Nacht schuf.

**Schneeweiß und Grinchgrün**

Ein winziger weißer Tangabikini bedeckt das Nötigste. Das Allernötigste, und das auch nur fast.

«Um Himmels willen!», stöhnt meine Mutter, und ich befürchte, dass sie gleich samt Tanne zu Boden geht. Timo und das Teeniemädchen brechen nach dem ersten Schock in schallendes Gelächter aus. Resi hebt entschuldigend die Hände. «Wasn?», lallt sie. «Ich hatte sonst nichts Weißes!»

Und dann lässt sie alle Geschenktüten gleichzeitig auf den Boden knallen. Irgendetwas zerbricht. Etwas anderes läuft aus. Das Christkind posiert lächelnd wie eine Glücksfee in der kleinen Pfütze, die nach Whisky duftet. «Bedient euch und fröhliche Weihnachten!»

*25.12., 01:25 Uhr*
Es ist gespenstisch ruhig geworden im Haus. Alle Betten sind belegt. «Der Badezimmerteppich sah gemütlich aus», flüstere ich, als ich mit Chris auf den Balkon trete. Würziger Rauch steigt aus dem Garten auf. Wir beugen uns über die Brüstung. Unten teilt sich der Weihnachtsmann eine Tüte mit dem Christkind. Aus dem Gehölz krächzt ein Rabe.

«Ist es zu früh, um zu lachen?», frage ich leise.

Es dauert ein wenig, bis ich eine Antwort und ein Lächeln bekomme: «In Anbetracht der Tatsache, dass sie alle morgen so früh wie möglich abreisen wollen, ist es okay, denke ich.»

Ich stelle mir vor, wie es sein wird, die Hütte noch drei Tage ganz für uns alleine zu haben. Der Gedanke ist befreiend. Ich beschließe, das alles hier lieber lustig als tragisch zu finden. Über uns tanzen immer mehr Flocken, und der Wind frischt auf.

«Oh, der ganz große Scheiß», sage ich lachend und

schmiege mich an meinen Mann. Im selben Moment vibriert mein Handy. Um diese Zeit? Die Warn-App. Unwetterwarnung. «Region Oberharz: Schwerer Schneesturm, 110 cm Neuschnee erwartet. Halten Sie Fenster und Türen geschlossen. Alle Zufahrtsstraßen sind unbefahrbar. Bleiben Sie, wo Sie sind.»

Wieder krächzt der Rabe. Ein plötzlicher Windstoß kippt einen Gartenstuhl um. Und mir wird klar: Niemand wird hier morgen abreisen. Der ganz große Scheiß ist gekommen. Wir sitzen fest, alle gemeinsam. Samt Christkind und Weihnachtsmann, den Stadlers und meiner Familie. Mit zwölf Betten, sechs Matratzen, einer CD von Andrea Berg, zwei Jahresrationen Nürnberger Lebkuchen und ohne Fluchtweg.

«Das wird das längste Weihnachten aller Zeiten!», flüstere ich und starre auf die weiße Schneedecke.

«Aber du liebst Weihnachten so!», murmelt mein Mann und hebt die Schultern. Und da begreife ich erst richtig, was die Leute meinen, wenn sie sagen, dass Weihnachten die Menschen verbindet. Ich für meinen Teil hab mich noch nie so verbunden gefühlt mit meinem Mann wie in diesem Moment. Ich muss unbedingt im Spiegel prüfen, ob mein Gesicht schon so wie seines ist: grinchgrün.

*Helmut Maaß*

# Das pommersche Menü

In meinen ersten dreißig Jahren habe ich vier verschiedene Weihnachtsphasen erlebt. In einem kleinen vorpommerschen Dorf im Urstromtal der Uecker erlebten meine Schwester und ich dörfliche Kinderweihnachten im Haus unserer Eltern. Eine gütige Oma wohnte bei uns, eine noch gütigere im Nachbardorf. Als junger Erwachsener fuhr ich mit meiner Frau in jedem zweiten Jahr zu meinen Eltern. In der dritten Phase, in der unsere Kinder klein waren, besuchten die Eltern uns in Berlin. Als Tochter und Sohn größer waren, nahmen wir die Weihnachtsbesuche im Norden wieder auf. In all diesen Jahren verliefen die Festtage in der harmonischen und ruhigen Atmosphäre, wie sie einem sensiblen pommerschen Gemüt so wichtig ist.

Mit einer Ausnahme. Die verdankten wir meinem Vetter Siegfried. Er war gelernter Koch, praxiserfahrener Gastwirt und Tausendsassa. Mit seinem aus den Fugen geratenem Leib besetzte er in Berlin einen mittleren Posten im Lebensmittelhandel. Er saß an der Quelle und hatte Zugriff auf rare Produkte. Dazu gehörten die Rotweine *Rosentaler Kadarka* und *Klostergeflüster* aus dem bulgarischen Bruderland. Seine Spezialität jedoch war echte ungarische Salami. Die verhalf ihm zu seinem Spitznamen: Salami-Siggi.

Die Weine kosteten sechs oder sieben Mark, und die dreißig Mark für die ellenlange Salami waren ebenfalls drin. Meine Frau und ich zahlten keine fünf Prozent unseres Gehalts für die Miete. Vieles war subventioniert. An

Geld mangelte es nicht, aber an Waren. Über den Eigenbedarf hinaus galten Waren als harte Tauschwährung. Sie waren von Nutzen bei Behördengängen und beim Auffinden freier Handwerkerkapazitäten. Selbst kurzfristige Termine in Autowerkstätten waren damit erreichbar.

Kontakt mit Siggi war selten. Daher überraschte es mich, als er an einem Oktobertag unangemeldet bei uns auftauchte und darum bat, eine Charge seltener Köstlichkeiten für kurze Zeit in unserem Keller unterzustellen. Wenn man geschickt stapelte, würde alles hineinpassen.

Ganz geheuer war mir die Sache nicht, aber ich gab ihm drei Tage. Dann müsse alles wieder fort sein. Siggi schlug ein. Als er seine Hand zurückzog, verblieb in meiner ein selten gesehener Geldschein. Den gab ich tags darauf an einen Schornsteinfegermeister weiter. Der erkannte daraufhin, dass der Kachelofen in unserer Um- und Ausbauwohnung unrettbar hinüber war und schleunigst auf Kosten der Wohnungsverwaltung ersetzt werden müsse.

Eine Um- und Ausbauwohnung war Wohnraum in einem derart maroden Zustand, dass er nicht vermietet werden konnte. Man bekam die Wohnung zugewiesen, wenn man ihre Instandsetzung in Eigeninitiative übernahm. Während der Rekonstruktion zahlte man keine Miete, und das galt noch für einige Zeit danach. Man hatte besser handwerklich begabte Freunde und Beziehungen, wenn man sich an so ein Projekt wagte.

Siggi hielt Wort. Am Abend des dritten Tages holte er im Schutze der Dunkelheit alles wieder ab. Es musste sich um ein besonders lukratives Geschäft oder um eine echte Notlage gehandelt haben. Zum Dank versprach er, das kommende Weihnachtsfest kulinarisch für uns auszurichten. Siggi wusste, dass meine Frau und ich die Feiertage im vorpommerschen Dorf bei meinen Eltern verbrachten. Er selbst wollte Weihnachten bei einem Freund auf Usedom feiern. Auf dem Weg dorthin würde er also an Heiligabend nachmittags durch unser Dorf kommen und Salami, Halberstädter Würstchen, Rotwein, Radeberger Bier, Erdnussflips und – ich könne es ruhig glauben – sogar Ketchup vorbeibringen. Plus eine fertig zubereitete Weihnachtsgans à la Siggi.

Angesichts seiner Großzügigkeit lief es mir kalt über den Rücken. Ich war mit den drei Zwischenlagertagen offenbar ein großes Risiko eingegangen.

«Deine Eltern brauchen eigentlich nur Brot einzukaufen», lächelte er.

Meine Eltern ließen sich nur schwer davon überzeugen, dass ihr Neffe, den sie von Familienfeiern kannten, für unser aller leibliches Wohl sorgen könnte. Trotz ihres Drängens gab ich meine Gegenleistung nicht preis und beschwor lieber die Köstlichkeiten, die uns erfreuen würden. Sie gaben nach. Als meine Frau und ich am Vormittag des Heiligabends bei ihnen eintrafen, war der Kühlschrank leer und die Bratröhre kalt.

In jenem Jahr lag über Weihnachten Schnee, nicht viel, aber genug, um alles in Weiß erstrahlen zu lassen. Eiszapfen hingen von den Dachrinnen, ein kalter Wind bot Anlass für Heilmittel wie Glühwein und Grog.

Unser Dorf bildete ein großes T. Der kürzere Querstrich, das Oberdorf, lag an der Fernverkehrsstraße. Sie führte nach Norden zu den Ostseeinseln und war im Sommer viel befahren. Jetzt lag sie still in der gleißenden Wintersonne. Das Haus meiner Eltern stand direkt an der Straße. Hier im Oberdorf befanden sich die Bushaltestelle und die Kneipe. Folgte man dem langen T-Strich nach Osten ins

Unterdorf, gelangte man zum Dorfkonsum und am Ende zum Friedhof. Die meiste Zeit im Jahr war das Oberdorf klar im Vorteil, wegen der Kneipe. In der Vorweihnachtszeit kippte das Verhältnis. Der Konsum wurde wichtiger, denn er konnte Lieferungen seltener Waren erhalten, zum Beispiel Bananen.

Unmittelbar hinter dem Unterdorf begann der Wald. Für einen pommerschen Dorfjüngling galt es als schmähliches Versagen, wenn seine Familie einen Weihnachtsbaum käuflich erwerben musste. Wir Oberdörfler hatten den längeren Beschaffungsweg, aber solange ich zu Hause wohnte, hat mich das nicht aufgehalten. In diesem Jahr war mein Vater fündig geworden. Seine Kiefer war licht ausgefallen. Doch die Bescherung nach dem Kaffeetrinken verlief noch aus einem anderen Grund angespannt. Jeder sah heimlich auf die Uhr, spähte aus dem Fenster in die weit geöffnete Hofeinfahrt und lauschte.

Siggi kam nicht.

Das Abendbrot fiel karg aus. Kartoffelsalat mit hart gekochten Eiern, ohne die fest eingeplanten Halberstädter Würstchen. Niemand hatte anschließend Lust, sich auf dem Schwarz-Weiß-Fernseher eines der beiden verfügbaren Programme anzusehen. In gedrückter Stimmung gingen die Eltern früh schlafen. Ich schloss fröstelnd das Hoftor. Gegen zehn klingelte das Telefon. Siggi. Er war nur bis Bernau gelangt, nördlich von Berlin. Anfangs sei er gut vorangekommen. Der Wagen habe schwer auf der Straße gelegen; Rücksitze und Kofferraum hätten kaum ausgereicht, um alles zu verstauen.

«Und dann fiel plötzlich der Motor aus!», berichtete er heiter. Ich hatte vermutet, er habe auf Usedom ein dickes Geschäft vorgehabt, womöglich mit der Ware, die in unserem Keller versteckt gewesen war. Ein Bernauer Gastwirt, fuhr Siggi fort, den er nach einem Fußmarsch endlich habe alarmieren können, habe das havarierte Gefährt auf sein Grundstück geschleppt – und bald großes Interesse am Wageninhalt geäußert.

«Mein schöner Ostseeurlaub», klagte Siggi.

«Was sollen wir morgen essen!?», schrie ich fassungslos.

«Ihr seid auf dem Dorf», erklärte er mir. «Da hat jeder seine Speckseiten im Keller!»

«Meine Eltern sind keine Bauern», fauchte ich.

«Aber die Nachbarn! Denk mal nach, Helmut! Im Dorf hilft man sich! So, und mein Retter will jetzt auch mal an der Salami schnuppern. Helmut, ich weiß, du schaffst das.» Er legte auf.

«Fetter Siggi!», rief ich in die tote Leitung. «Du bist für mich gestorben!»

Am Morgen hielten wir Rat am Frühstückstisch. Eine penible Bestandsaufnahme erbrachte zwei mittelgroße Schokoweihnachtsmänner, eine Tüte Erdnüsse, eine Handvoll Walnüsse sowie elf selbst gebackene Plätzchen. Als Mittagessen an den Feiertagen eignete sich nichts davon. Immerhin war ausreichend Brot im Haus. Das Frühstück mit Weißbrot und Marmelade würde ein paar Stunden vorhalten. Ich legte Tatkraft in meine Stimme. «Was habt ihr an Vorräten im Keller?»

«Kartoffeln», zählte mein Vater auf.

«Eingewecktes Obst und Gemüse», ergänzte Mutter stolz.

Evelin und ich gingen nachsehen. Wir entdeckten einen Steintopf mit eingelegten sauren Gurken und eine sandgefüllte Blechtonne, in der schrumpelige Möhren vergraben waren. Einige Weckgläser trugen Etiketten mit der Handschrift meiner Urgroßmutter. Bedrückt stiegen wir wieder nach oben.

Blieb noch das alljährliche Paket von Onkel Alfred. Dieser Bruder meines Vaters lebte in Westdeutschland. Zuverlässig eine Woche vor den Feiertagen kam seine *Geschenksendung/Keine Handelsware*. Ungeöffnet stand sie unterm spillrigen Weihnachtsbaum.

«Richtige Lebensmittel sind nicht drin», dämpfte Mutter unsere aufkeimenden Hoffnungen. Wir sahen nach. Die Strumpfhosen, der Kaffee und der obligatorische Stoffkalender fürs nächste Jahr halfen tatsächlich kaum bei unserer Suche nach mittagstauglicher Kost. Ein Marzipanbrot war auch drin. Über das machten wir uns gleich mal her.

Mir fiel der Fischteich ein. Am Dorfrand zogen mein Vater und ein paar dörfliche Mitstreiter Karpfen auf, im Auftrag des Angelverbandes. Einmal im Jahr war Ernte. Dann wurde das Wasser abgelassen, um die Fluchtwege der Fische zu minimieren. Einige entkamen trotzdem an tiefere Stellen und freuten sich, wenn das Wasser wieder einlief. Bis heute. Heute befanden wir uns in einer familiären Notlage. Auf drei Seiten des hektargroßen Sees gab es einen dichten Schilfgürtel mit Erlen und Weidengebüsch. Die nächsten Häuser standen dreihundert Meter entfernt. Es konnte nicht schwer sein, dort ungesehen die Angel auszuwerfen.

«Zu Weihnachten kann man auch *Karpfen* essen», durchbrach ich die Stille. Und blickte Vater bedeutungsvoll an. Als er begriffen hatte, winkte er ab. «Erst gestern habe ich das Verbotsschild neu aufgestellt. Da kann ich jetzt nicht selber hingehen und – nein.» Er schüttelte traurig den Kopf.

«Wäre auch nicht sicher, dass du was fängst», bemerkte Mutter. In der Vergangenheit hatte sie nach seinen Angelausflügen die bereitgestellten Pfannen meist wieder wegräumen müssen.

«Was ist mit der Kneipe?», forschte meine Frau und gönnte sich das letzte Westmarzipan. Wie einfallsreich sie doch ist, dachte ich nicht zum ersten Mal in meinem Leben.

Ich zog eine Joppe über und lief schräg über die vereiste Fernverkehrsstraße. Die fünfzig Meter entfernte Gaststätte *Zur Linde* hatte ihre besten Zeiten in den Fünfziger- und Sechzigerjahren gehabt. Der Saal war in meiner Kindheit für Erntefeste und Weihnachtsfeiern genutzt worden. Manchmal war der Kinowagen gekommen und hatte eine Handvoll Kinder glücklich gemacht. Das hatte sich bald nicht mehr gelohnt. Der Saal war jetzt ein Lager für Leergut und für Flaschenware in Holzkästen, aus denen man sich unter den Augen der Wirtin selber bediente.

Den kurzen Weg zur Kneipe hatte ich als Knabe oft zurückgelegt. Dabei trug meine linke Hand den Korb mit leeren Flaschen, die rechte das exakt abgezählte, sehr kleinteilige Münzgeld, und mein Gehirn memorierte unablässig eine Zahl. Meine Oma rechnete den fälligen Betrag vorher immer genau aus. Denn Else, die alternde Wirtin, pflegte sich hin und wieder zu irren, wenn sie mit ihrem Bleistiftstummel auf einem Bierdeckel den Einkauf abzüglich Pfand zu errechnen suchte. Nannte sie die korrekte Summe, legte ich das Geld wortlos auf den Tresen. Verlangte sie zu viel, erhob ich Einwand; sie rechnete nach und korrigierte. Verlangte sie weniger, zählte ich die gewünschte Summe genau ab. In so einem Fall nahm Oma das eingesparte Geld freudig entgegen. Ich sei ein guter Junge, der Älteren den nötigen Respekt zolle.

Else war längst im Ruhestand. Ihre Schwiegertochter

hatte die Speisegaststätte übernommen, Anna, deren Ehemann seiner Mutter so intensiv bei der Arbeit geholfen hatte, dass ihn der frühe Wirtstod ereilt hatte. Anna schloss im Morgenmantel die Tür auf, zwei Lockenwickler im ungekämmten Haar. Es war gegen neun, geöffnet wurde um zehn. Ich hatte mit beiden Fäusten kräftig an die Tür gehämmert.

«Hältst du's nicht mehr aus?», fauchte sie. Ich schilderte in wenigen Sätzen unsere Notlage. Ob sie ein paar Bockwürste für uns übrig hätte.

«Nein. Paule, Kalle und Emil haben gestern Mittag Wettessen gemacht. Paule hat gewonnen. Er hat vierzehn Stück verdrückt. Das ist ein neuer Hausrekord, und die anderen mussten zahlen. Danach hatte ich noch vier für mich selbst.»

Außer Bockwurst mit oder ohne Brot bot Anna in ihrer Kneipe nichts zu essen an. Das reichte zu zwei Positionen auf ihrer handgeschriebenen Speisekarte, die sie auswärtigen Gästen bei Bedarf an jeden ihrer fünf Tische brachte und die nie erneuert werden musste. Sie servierte die Bockwurst auf einem postkartengroßen Pappteller, den sie mit einem Klecks Senf aufwertete. Besteck bekamen nicht mal die Durchreisenden. So musste sie nie Teller abwaschen und konnte das Gläserpolieren perfektionieren.

Ich nahm einen Kasten Helles mit. Das von Siggi versprochene Radeberger, auf dessen Etikett das verführerische Wort *Extraklasse* prangte, floss sicher schon Bernauer Kehlen hinab.

Meine Frau saß allein in der Küche. Der Bierkasten heiterte sie nicht auf. «Deine Eltern sind bei den Nachbarn», schluchzte sie. «Zum Betteln! Wie stehen wir bloß da im Dorf!»

«Du wohnst doch gar nicht hier», wandte ich ein.

«Aber ich leide mit!»

Wie mitfühlend sie ist, bemerkte ich gerührt, nicht zum ersten Mal während unserer Ehe.

«Und du schleppst bloß Bier an?», musste ich plötzlich hören.

Auf meine Seele erstreckte sich ihre Sensibilität eher selten. Sie griff sich eine Schüssel und entschwand Richtung Keller. Ich war sofort beunruhigt. Streit lag in der Luft. Würde sie abreisen wollen? Und mich für den Fehlschlag verantwortlich machen? Gar zu ihren Eltern nach Leipzig aufbrechen? Etwa für immer?

Vielen Dank auch, Vetter Siegfried!

«Sieh mal, daraus kann ich sicher eine Suppe machen», ertönte da ihre fröhliche Stimme. Stolz hielt sie einen Strauß ausgegrabener Möhren in die Luft. Eifrig stimmte ich zu. Die Wolken am Horizont hatten sich schon wieder aufgelöst.

Die Küchentür öffnete sich erneut, und mein Vater trat ein, mit gerötetem Gesicht. Vorsichtig schnallte er seinen Angelrucksack ab und begann auszupacken. Er hatte sich an die Nachbarn zur Linken gewandt. Unmittelbar neben unserem Gehöft stand Walters Hof. Walter war ein kauziger Sechzigjähriger, der zweieinhalb Jahrzehnte zuvor ungern in die Genossenschaft gegangen war. Nebenher hielt er so viel Getier wie nur möglich. Alle Jahre schlachtete er auf dem Hof ein Schwein zur Selbstversorgung. Als mein Vater ihm von unserem weihnachtlichen Defizit berichtete, nickte Walter und nahm den notleidenden Bürohengst wortlos mit zur Speisekammer. Dort legte er ihm zwei große Gläser Wurstsuppe in den Rucksack, ein halbes Dutzend Buletten, einen Becher Senf, ein Töpfchen Gänseschmalz sowie einen Kringel selbst gemachter Leberwurst. Mein Vater stammelte glücklichen Dank.

«Töv mol noch 'n bäten», hatte Walter ihn zurückgehalten, in der Sprache seiner Vorväter. Hochdeutsch sprach er nur mit Amtspersonen wie dem Dorfpolizisten, dem staatlichen Tabakaufkäufer oder dem Milchkannenabholer. Er verschwand in der Werkstatt. Als er wieder herauskam, trug er zwei Schnapsgläser und eine Flasche Klaren. Es handelte sich um Echten Nordhäuser Doppelkorn, den Walter auch an jedem Schlachttag zum Gelingen der Arbeit einsetzte. Der Sage nach hatte der Teufel persönlich den Nordhäusern das Brennen beigebracht.

Nachdem sie angestoßen hatten, meinte Walter, mein Vater solle seinen Rucksack noch mal kurz abstellen. Er habe da was. Erneut verschwand er in seinen Wirtschaftsgebäuden. Was er diesmal mitbrachte, nötigte Vater, kurz unser Anwesen aufzusuchen. Danach konnte er Walter die geleerte Kiste zurückgeben. Der alte Bauer hatte inzwischen zwei weitere Klare eingeschenkt. Vater hob das Glas und dankte überschwänglich. Walter schlurfte knurrend zurück ins Haus.

Ein Grundstück weiter klingelte Vater bei seinem Freund Erwin, einem Mitstreiter beim Betreiben des Karpfenteiches. Seit dem Tod seiner Mutter lebte Erwin allein in dem bescheidenen Häuschen. Auf drei Seiten war es von Tannen eingerahmt. Das Dach war mit Schindeln gedeckt, was ihm in den Augen der Nachbarn etwas Exotisches verlieh. Niemand im Dorf hatte je davon gehört, dass Erwin selbst kochte. Im Konsum wusste man, was er kaufte. Seine Leidenschaft, die ihm Achtung und Gesellschaft einbrachte, war das sommerliche Grillen.

An diesem frühen Weihnachtsmorgen hatte Erwin keinen Besuch erwartet. Er öffnete im Unterhemd. Als er Vater erblickte, machte er auf seinen Kamelhaarpantoffeln kehrt und eilte in die Küche. Vater, der diese Begrüßung kannte, schloss die Haustür und folgte. Erwin galt als konfus, ablenkbar und selten bei der Sache. Er brachte schon mal den Mülleimer raus und ging damit gedankenverloren zum Brötchenholen. Auch an diesem Tag beschäftigte ihn etwas.

«Das ist nicht schön», kommentierte er Vaters Lagebericht, schnappte sich den Rucksack und stieg in den Keller. Ein paar Minuten später tauchte er wieder auf, übergab Vater den deutlich schwereren Rucksack und eilte auffordernd zur Haustür. Er schien wichtige Dinge vorzuhaben. Vater fragte nicht, was er eingepackt hatte, sondern beließ es bei aufrichtigem Dank.

Meine Mutter kehrte zurück, als Vater gerade alles ausgepackt hatte. Sie trug zwei volle Dederonbeutel. Dederon war die Kunstfaser aus dem Rudolstädter *Chemiekombinat Wilhelm Pieck*. Die schmalen Henkel schnitten schmerzhaft in ihre Hände. Trotzdem kicherte sie unbekümmert. Rasch befreiten wir sie von der Last und legten ihre Mitbringsel zu denen meines Vaters. Es war jetzt ein herrlicher Gabentisch.

Mutter hatte zuerst beim Backsteinhaus gleich neben uns an die Tür geklopft. Christel hatte aufgemacht: «Pst, er schläft noch!» Damit hatte sie Hubert gemeint, ihren Mann. Der hatte sich mit reichlich Bier zum Tiefschlaf verholfen. In nüchternen Zeiten hatte er Stall und Garage renoviert, die Dächer selbst gedeckt und zum Advent alles mit festlichem Schmuck versehen, dessen Strahlkraft sogar Schaulustige aus dem Unterdorf lockte.

Mutter schilderte unsere Notlage, und Christel überreichte drei Gläser Erdbeermarmelade, einen halben Salzwedeler Baumkuchen und eine Schachtel Apfelkorn-Pralinen der bewährten Dresdner Firma *Elbflorenz*. Diese Köstlichkeiten benötigten wir nicht, aber meine Mutter brachte es nicht übers Herz abzulehnen. Die Pralinen stammten, wie sie sehr wohl wusste, aus einem der *Delikat*-Läden, in denen der Staat das Kaufpotenzial seiner Bürger durch überhöhte Preise abzuschöpfen pflegte. Sie dankte von Herzen.

Das übernächste Haus war ein Bauernhof, ähnlich dem von Walter auf der anderen Seite. Stallungen und Wohnhaus bildeten ein U, in das ein von Pappeln gesäumter Fahrweg führte. Das Anwesen lag in tiefer Winterruhe. Das Scheunentor war geschlossen, ebenso die Stalltüren. Hier herrschte Minna über Ziegen, Schweine, Geflügel und ihren Mann Josef. Alle standen gut im Futter. Mutters Hoffnungen auf kalorienreichere Gaben waren hier größer.

Minna lotste sie auch gleich in die Küche und zauberte Eierlikör auf den Tisch. Der stand griffbereit in dem prächtigen alten Schrank, der den Raum dominierte. «Lass uns auf den Schreck erst mal einen trinken», schlug die Hausherrin vor. Stolz zeigte sie auf die Dreiviertelliterflasche *Goldhuhn*, in der bereits die Hälfte fehlte. Normalerweise machte sie ihren Eierlikör mithilfe von hochprozentigem *Primasprit* selber. Aber zu Weihnachten durfte es zu Vergleichszwecken schon mal das Likörchen aus der Spirituosenfabrik Torgau sein, für nicht mal zwanzig Mark. In die geleerte Flasche, auf der ein dickes goldenes Huhn abgebildet war, füllte sie anschließend ihre Eigenkreation.

Mit einer Handvoll Zwiebeln, acht in Zeitungspapier gewickelten Eiern, einem Glas *Döbelner Würstchen*, einer Tüte *Tempo-Linsen* und einem Weißkohl im Beutel sowie einem weiteren Glas *Goldhuhn* im Magen machte sich Mutter dankbar auf den Rückweg zu ihrer hungrigen Familie.

Nun standen wir zu viert sprachlos um den Tisch herum. Die Nachbarn hatten sich wahrlich nicht lumpen lassen. Die Fülle der freundlichen Gaben wärmte unsere Herzen. Lediglich was Erwin aus seinem Keller gespendet hatte, wirkte eigenartig: vier eingelegte Heringe, zwei Miniflaschen Boonekamp und eine Dose Katzenfutter. Meine Eltern hatten nie eine Katze besessen.

«Bei der Gerda warst du nicht?», fragte Vater plötzlich. Gerda wohnte zwischen Christel und Minna, Mutter hatte sie nicht erwähnt. «Natürlich nicht!», fuhr sie auf. «Du weißt doch, wie die ist.» Vater nickte schuldbewusst.

«Wer ist das?», wollte Evelin wissen.

«Das ist die knauserigste Person im ganzen Dorf», erklärte ich. «Die garstig-geizige Gerda. Bei Sammlungen der Volkssolidarität gibt sie nicht mal einen Groschen. Zu Ostern lässt sie sich von den Nachbarskindern nicht mit Birkenzweigen *stüpen*, um nur keine Süßigkeiten rausrücken zu müssen. Und als ich sie mal als Jungpionier um Lumpen bat und um Flaschen und Papier für die Altstoffsammlung, hat sie mir die Tür vor der Nase zugeknallt. Die braucht man um nichts zu bitten. Niemals.»

Meine Frau wollte etwas entgegnen, als es läutete. Mutter ging aufmachen. Wir hörten Gemurmel, zu leise, um etwas verstehen zu können. Die Haustür wurde geschlossen, Mutter kam zurück in die Küche. Sie stellte einen Topf auf dem Herd ab, wandte sich zu uns und nestelte linkisch am Gürtel ihrer Kittelschürze.

«Wruken mit Gänseklein», sagte sie leise. «Von der Geizigen, also von Gerda. Sie hat bei Minna rausgekriegt, was ich bei der gesucht habe. Von dem Topf wollte sie eigentlich die nächsten zwei Tage essen. Aber ihr Sohn hat dienstfrei gekriegt und holt sie nachher zu sich, für die Feiertage. Und so wünscht sie uns guten Appetit.»

Wir sahen uns betreten an. Die Küche war nun voller Geschenke. Mutters Augen glänzten, als sie sich hastig zu dem Topf auf dem Herd umdrehte und am Deckel herumfummelte.

«Ein Weihnachtswunder», kommentierte Evelin, «wie bei Dickens.» Wie belesen sie doch ist, staunte ich nicht zum ersten Mal.

«Und draußen im Stall sind noch ein Kaninchen und ein Huhn vom Walter», ergänzte mein Vater und öffnete die Schublade mit den großen Messern.

Die beiden Tierchen ließen wir aber leben. Mit den zusammengetragenen Gaben feierten wir – dank Siggis Ausbleiben – ein unvergessliches Familienweihnachten. Seither weiß ich auch, wie sich Hering und Wurstsuppe gemeinsam in einem Menü servieren lassen. Es muss nur mehrgängig sein.

*Käthe Lachmann*

# Du musst alles aufheben!

Auf unser Weihnachtsmenü konnten wir uns schnell einigen. Es sollte Garnelen mit Knoblauch geben, davor eine Tomatencremesuppe, hinterher Tiramisu. Wobei wir das auch würden weglassen können, schließlich habe ich gebacken, es wird uns an Zucker nicht mangeln. Mein Vater und ich und das Jesuskind – mehr Gäste erwarten wir nicht. Ich habe Blockflöte geübt und bin ein paar Tage vor dem Fest angereist, um alles vorbereiten zu können.

Mein Vater ist völlig klar im Oberstübchen, allerdings körperlich eingeschränkt. Die Beine machen nicht mehr richtig mit, und das überträgt sich auf alles andere. Wenn man um zwölf Uhr mit ihm zum Mittagessen fahren möchte, muss man ihn um acht wecken, um rechtzeitig loszukommen. Das Essen selbst dauert zweieinhalb Stunden, weil alles im Schneckentempo vor sich geht. Er ist weit über achtzig, und er hat – außer zahllosen Arztterminen – nichts zu tun und kann sich Zeit lassen.

Mich jedoch macht es jedes Mal wahnsinnig, und darüber ärgere ich mich. Über meine Ungeduld. Und über diese Mensch gewordene Wanderdüne.

«Ich habe Weihnachtsschmuck bestellt», lässt er mich mit glänzenden Augen wissen. «Der muss jede Minute hier ankommen.»

«Papi! Wieso denn? Du hast doch Unmengen Weihnachtsschmuck! Unseren, seit meiner Kindheit!»

Als er meinen Blick über die Kartons, Kisten, Pakete,

Koffer, überquellende Taschen, Körbe, Schachteln, Stapel und Haufen loser Dinge bemerkt, zuckt er mit den Schultern. «Mag ja sein, aber wo?» Dann lacht er vergnügt. «Hach, bin ich froh, dass ich dann nicht mehr bin, wenn du das alles erbst und das Haus ausräumen musst!»

Ich muss dazusagen: Kartons, Kisten, Pakete, Koffer, Taschen, Körbe, Schachteln und Haufen loser Dinge sind hauptsächlich auf dem Dachboden. Im Wohnzimmer, im Gästezimmer, in seinem Schlafzimmer, in der Küche gibt es nur Stapel. Viele.

«Papi, wir müssen ausmisten. Unbedingt.»

«Wieso? Ich finde immer alles, was ich suche.»

«Ich habe mir ein paar Tage früher freigenommen, damit ich dir beim Aussortieren helfen kann. Das ist doch für dich auch angenehmer, wenn du nicht immer suchen musst.»

«Ich suche ja nicht. Ich weiß, was in welchem Stapel steckt. Und wenn nicht, hilft der heilige Antonius.» Den Spruch kenne ich. Ich habe auch mal gegoogelt: «Der heilige Antonius ist Schutzpatron der Bergleute, der Reisenden und Sozialarbeiter. Er wird auch für das Wiederauffinden verlorener Gegenstände angerufen (daher der Beiname ‹Schlampertoni› oder ‹Schussels Tünn›). Ebenso soll er bei der Partnersuche helfen.»

Ich habe es ausprobiert. Er hilft auch mir, jedenfalls bei Gegenständen. Vielleicht liegt es auch daran, dass ich gar nicht so viele Sachen habe. Ich habe keinen «Kruscht» (Krimskrams, Firlefanz), also Dinge, die man nicht braucht, aber mal geschenkt bekommen hat und nicht wegwerfen möchte, wie die Büroklammern in Penisform oder das Schweinchen mit der Schnur, an der man zieht, und dann grunzt es und läuft. Dinge, die man im Urlaub gekauft hat und die einem nur im Urlaub gefallen haben, wie der Aschenbecher aus orangefarbenem Glas, den ich herrlich sixtiesmäßig fand und den ich nie brauche, weil ich nie geraucht habe und weil auch alle Freunde nach und nach aufgehört haben.

Die tolle blaue Schleife, die das Beste war an den überzuckerten Ingwerpralinen und die man vielleicht noch mal verwenden kann, das riesige Etui für die Sonnenbrille, die schon lange nicht mehr existiert, das man aber nicht wegwirft, weil man ja vielleicht irgendwann noch einmal eine solche Sonnenbrille ersteht. So was habe ich nicht.

Ich habe Kruscht immer sofort weggeworfen oder verschenkt, bevor Sentimentalität aufkommen konnte. Mein Vater hat immer alles gehortet. Und er sammelt Bierdeckel seit seiner Studentenzeit, und die ist weiß Gott lange her.

Bei meinem Vater werde ich sentimental. Bei ihm kann ich immer wieder meine Kindheit nacherleben. Es gibt ihn noch, den kleinen rot-weißen Eierpikser, mit dessen Hilfe ich schon mit sechs Jahren meine Eier aufs Kochen vorbereitet habe. Oder das gelbe Handtuch mit der Sonnenblume. Wenn ich es anschaue, habe ich sofort den Duft von Piz Buin, Chlorwasser und Freibadpommes in der Nase.

Nach dem Tod meiner Mutter ist mein Vater in die Nähe seines Bruders gezogen. Wenn ich ihn besuche, finde ich noch viele Dinge, die mich an meine Kindheit erinnern, wie den alten Familienweihnachtsschmuck. Und trotzdem hat er sich jetzt neuen bestellt. Weil es so einfach ist. Onlineversandhändler sind die weltallerbeste Erfindung für immobile, aber noch neugierige Menschen. Er hat sich eine elektrische Gießkanne bestellt, einen Modellhubschrauber, einen Weltempfänger, Briefmarken zum Pfundpreis und Stapel antiquarischer Bücher. Der Paketbote hat einen tiefen Graben zu seinem Haus getrampelt. Wöchentlich erzählt er am Telefon von seinen neuesten Erwerbungen, die wenig später in einer Ecke vergessen sind. Frage ich nach dem solarbetriebenen Springbrunnen oder der ausgeklügelten Wetterstation, ist sein Spaß daran längst vorbei, und der nächste Paketbote ist unterwegs mit Vintage-Blechspielzeug oder einem Vogelhäuschen, das man ans Fenster kleben kann.

«Jetzt fällt es mir wieder ein», ruft er. «Den Christbaumschmuck habe ich verschenkt, schon vor Jahren!»

«Nein, letztes Jahr hatten wir den noch!»

«Der ist weg!» Er ist oft davon überzeugt, dass er etwas nicht mehr besitzt. Statt zu suchen, bestellt er es neu. So türmt sich der Firlefanz. Manchmal blättert er durch Onlinekataloge, und wenn er nicht weiß, was etwas ist, bestellt er es, um es sich genauer anzugucken. Warum hat er eine Kaffeemühle in der Form einer Pfeffermühle bestellt? Und einen Flambierbrenner? Einmal hat er Crème brulée gemacht. Seither liegt der Brenner bei den Waffeleisen, den Sandwichmakern, den Bowleschüsseln und dem Fondue-Set.

«Weißt du, was», überlegt er, «wir können doch Heiligabend statt Tiramisu auch Crème brulée machen!»

«Sehr gerne!»

«Wenn ich nur wüsste, wo ich das Ding hingetan habe.» Er schlurft davon. In drei Tagen ist Weihnachten, und ich sollte mich der Suche nach dem Christbaumschmuck widmen.

Auf dem Dachboden muss der Karton sein, in dem sich die Glaskugeln, hölzernen Schaukelpferdchen, goldenen Sterne und bunten Weihnachtsvögel mit den echten Federn befinden; nebst den schweren Kerzenhaltern aus echtem Silber. Ich stoße auf Bücher, Landkarten und Reiseführer über Australien.

«Wieso hast du so viel Literatur über Australien?», rufe ich meinem im Schrank stöbernden Vater zu. Er hat mich nicht gehört. Er besitzt ein Hörgerät, aber das funktioniert nicht zuverlässig, was nur ein anderer Ausdruck ist für: Er setzt es nicht ein. Wie mein Onkel und meine Tante, wie Nachbarin Gretel und die Mutter meiner Freundin Chris. Sie alle haben Hörgeräte, mit denen sie nicht zurechtkommen. «Das Ding funktioniert sowieso nicht», antwortet mein Vater auf die laut und wiederholt gestellte Frage. «Und ich brauche es auch nicht.»

Um zu erfahren, warum er so viel Australien-Material besitzt, pirsche ich mich also ganz nah an ihn heran.

«Ach so, das, ja», sagt er, «ich dachte mir, da komme ich wahrscheinlich nie hin, also lese ich alles darüber.»

«Und interessant?»

«Wahrscheinlich. Ich bin noch nicht dazu gekommen.»

Er packt einen Stapel gespülter Konservendosen um, von denen der Deckel fehlt. An der Beschriftung erkenne ich die Metzgerei meiner Kindheit. Aus einer Kuttelsuppendose ist ein Lack-Anrühr-Behälter geworden. Das nenne ich Upcycling! Und die Dose für ehemals saure Nierchen beinhaltet jetzt Gardinenhaken und muss oben stehen, damit sie nicht herausfallen.

«Du hast doch Rollos und keine Gardinen mehr?», frage ich laut genug.

«Aber vielleicht irgendwann mal wieder!», erklärt er. «Hast du den Baumschmuck gefunden? Oder nehmen wir den neuen aus dem Internet?»

«Wie kommst du darauf, einfach neuen Christbaumschmuck zu bestellen, wo wir genug haben?»

«Ich hab das ganze Zeug beim Umzug verschenkt.»

Der Umzug ist zehn Jahre her. Es wird Zeit, dass ich den Schmuck finde. Papi wird allmählich grantig. Aber chinesisches Plastikzeug kommt mir nicht an den Baum! Es muss der Originalschmuck sein. Wenn schon Weihnachten, dann mit Kindheitserinnerungen.

Ich spreche sehr leise mit dem zuständigen Heiligen. Und, tatsächlich, einige Kartons später habe ich den richtigen gefunden. «Weihnachten» steht in dicken Lettern darauf. «Danke, Toni!», lasse ich Antonius wissen und ziehe triumphierend eine Lichterkette aus der Kiste. Aber diese Lichterkette kenne ich nicht!

«Papi, seit wann nehmen wir eine Lichterkette? Wo sind die Kerzenhalter?» Ich stöbere durch die Päckchen und Tüten im Karton. Kaum etwas kommt mir vertraut vor. «Was ist das für Schmuck?»

«Ach, das ist wohl der, den ich letztes Jahr gekauft habe, gleich nach Weihnachten, da waren die Sachen im Angebot. Zeig mal!»

Noch mehr Zeug. Und keine Spur vom Originalschmuck.

«Brauchst du dieses Monstrum von Stehlampe eigentlich noch? Du hast doch überall Licht und Leuchten!»

Entsetzter Blick meines Vaters: «Na sicher, die ist sehr praktisch mit den verschiedenen Armen, die kann man sich zurechtbiegen, wenn man mal woanders sitzen möchte!»

«Aber hier die Kameratasche ist doch zu groß und zu schwer, du nimmst doch immer die kleine Digicam mit!»

«Nichts da, im Sommer will ich Reiher fotografieren, professionell! Die Tasche brauche ich!»

«Und die schäbigen Gartenstuhlauflagen? Die haben schon Stockflecken, du hast doch neue!»

«Die neuen sind Mist, die kann man nicht waschen. Da nehme ich lieber die alten. Die bleiben hier!»

Oft erschließt sich die Logik nicht, dennoch gebe ich mich geschlagen, wenn mein Vater die leeren Aktenordner, die fleckigen Tischdecken und den alten Schnellkochtopf um keinen Preis entsorgen will.

Es klingelt. «Ich geh schon!» Schwups, ist er auf dem Weg zur Tür. Der Paketbote kennt meinen Vater. Er bringt einen riesigen Karton voller Christbaumschmuck und ein Laminiergerät.

«Ja, ich möchte mal Sous-vide ausprobieren!»

Der Schmuck ist schlimm. Kleine, grellbunte Männchen im Nussknacker-Stil, phosphoreszierende Sterne in Gelb und Rosa und schrillgrüne Plastik-Tannengirlanden. Selbst mein Vater gibt zu: «Auf den Bildern hat das besser ausgesehen.»

«Ich gucke, ob der Paketbote noch beim Nachbarn ist und gebe ihm den Karton gleich wieder mit!», schlage ich vor.

«Nein, nein, ich weiß schon, wem ich das schenken kann! Tante Regine, die mag so was, und ich habe noch kein Geschenk für sie. Und wir brauchen ja auch was für unseren Baum!»

In den verbleibenden Tagen durchflöhen wir Dachboden, Keller und sämtliche Schränke. Ich biete an zu entsorgen, aber bis auf eine Stange Tennisbälle und ein verrostetes Teesieb muss alles aufbewahrt werden. Keine Spur vom Familienschmuck.

An Heiligabend gebe ich mich geschlagen und versuche, aus den Paketen vom Onlinehändler das am wenigsten Schlimme herauszufischen. Da tönt der triumphierende Schrei meines Vaters aus dem Schlafzimmer: «Ich hab ihn!»

Auf der obersten Stufe einer seiner vier Haushaltsleitern klammert er sich mit einer Hand an einen Karton, mit der anderen hält er sich am Kleiderschrank fest.

«Bleib, wo du bist!», flüstere ich, wohl wissend, dass er es nicht hören kann. «Beweg dich nicht, ich hole dich da runter!» Noch leiser: «Und wenn es das Letzte ist, was ich tue.» Irgendwie schaffe ich es, Vater und Karton heil nach unten zu befördern. Und tatsächlich, das ist der gesuchte Karton! Auch wenn in Papis krakeliger Handschrift «Eisenbahn» daraufsteht.

Glücklich hole ich Stern um Stern aus der Schatzkiste, Vögelchen um Vögelchen und die hübschen Glaskugeln mit den goldfarbenen Halterungen, die geschmackvollen Kerzenhalter und sogar zwei Packungen Christbaumkerzen. Erinnerungen tauchen auf, wie ich aus Holzspänen mit meiner Mutter kleine Sternchen bastelte; die sind noch da, genau wie das sorgsam auf Pappstreifen gefädelte, immer wieder benutzte Lametta.

«Das ist schon schöner als das moderne Zeugs!», gibt mein Vater zu.

«Es ist weit nach vier, lass uns den Baum aufstellen! Wo ist der Ständer?

«Such dir einen aus!» Mein Vater hat schon drei aus dem Keller geholt.

«Den mit dem Wassertank!» Den stelle ich wie jedes Jahr auf das gefliese Karree vor dem Kamin. «Und der Baum?»

«Welcher Baum?»

«Heute ist Heiligabend! Wir haben den Schmuck, jetzt brauchen wir nur noch den Baum!»

Seine Stimme klingt anklagend: «Ich dachte, du besorgst den!»

«Den besorgt doch immer dein Nachbar, Jürgen! Jedes Jahr!»

«Der ist im Skiurlaub mit seiner Neuen. Das habe ich dir doch erzählt! *Du* solltest den Baum besorgen, das hatten wir besprochen!»

Ich bin mir sicher, dass wir das nicht besprochen haben. Aber nun haben wir drei Kartons randvoll mit Weihnachtsschmuck und keinen Baum, an den wir die Sachen hängen können. Es ist kurz vor fünf, wir werden keinen mehr auftreiben können. Mir ist zum Heulen. So viel Stress, wofür? «Was machen wir denn jetzt?» Meine Worte gehen ins Leere. Ich höre es auf dem Dachboden rumpeln. Manchmal ist mein Vater blitzschnell.

Eine Stunde später ist das Essen auf dem Herd, und ich sitze mit meinem Vater vor der kaputten, über und über weihnachtlich geschmückten Stehlampe. Die Lichterketten machen sich daran besser als die altmodischen Kerzenhalter. Und dank der Tannengirlanden aus Plastik – «Gib zu, die wirken täuschend echt!» – und des Fichtennadelsprays von der Gästetoilette kommt sogar so etwas wie Festtagsstimmung auf.

«Fröhliche Weihnachten!»

«Ja, ja, ist doch gut, dass ich nichts wegschmeiße!», stellt mein Vater zufrieden fest. Er biegt einen Arm der Lampe zurecht. «Merk dir das: Du musst alles aufheben!»

*Sylvia Witt & Oliver Uschmann*

# H 17

Klimpernd springen die Münzen vom Asphalt auf, sobald mein Gokart sie berührt. Eine Wolke mit Gesicht zeigt die dritte Runde an. Am Horizont steht die Sonne tief zwischen den Bergen. Ich fahre mit Mario und führe das Feld knapp an. Hartmut gurkt mit dem kleinen Dinosaurier Yoshi auf dem vierten Platz herum, Jochen nimmt mit Bösewicht Bowser die Kurven sauber, doch sein Ehrgeiz bleibt moderat. Susanne hängt mir allerdings mit Donkey Kong im Nacken.

«Gleich habe ich dich!»

«Nix da, ich hole das nach Hause!»

Die Strecke flimmert unter mir. Ich knalle gegen eine der Röhren, und Susanne zieht rechts an mir vorbei zum Sieg.

Wir legen die grauen Joypads mit den bunten Tasten ab und lehnen uns zurück. Hartmut beglückwünscht seine Frau mittels Kuss-Schnute. Ein Poster des Moduls, das im Super Nintendo steckt, schmückt eine Wand des Zimmers. *Super Mario Kart*. Untertitel: *Where racing becomes an adventure*. Neben dem Fenster hängt eins von *Out Of Time*, der großen Durchbruchsplatte von R.E.M., die vor einem Jahr um diese Zeit erschienen ist. Auf dem gefliesten Tisch sind Krümel von Lebkuchen und Aachener Printen in die Fugen gerutscht. Die dicken Blubbertropfen in der Lavalampe schweben unbeeindruckt ihre unberechenbaren Bahnen.

«Ich muss Pipi», sage ich. «Will jemand was von draußen?»

Hartmut fragt: «Haben wir noch eine Dose Nesquik?»

Ich wuchte mich auf und verlasse den Raum. Auf dem Flur hängt ein Poster von *Avengers: Endgame*. Aus Sicht des Zimmers hinter mir wird er erst in siebenundzwanzig Jahren in die Kinos kommen. Sogar die Luft wirkt anders, hier, zurück in der Gegenwart. Das ist das schwierigste bei unserem Zeitreisezimmer – den Duft richtig hinzubekommen. Wie riecht das Jahr 1992, in dem der Raum sich gerade befindet? Nach Burger-Resten der Heißen Hexe? Nach Deospray von Aldi? Nach Wick Vaporub? Wir haben uns für Cherry Cola entschieden, in der Rezeptur von 1991. Eine fast leere Flasche steht auf dem Regal. Sie zu finden, war nicht leicht, ungeöffnet lag sie bei 99 Euro auf eBay. Nach Neujahr wechselt der Raum ins Jahr 1987. Dann weicht das Super Nintendo seinem Vorgänger, und Hartmut hängt wahrscheinlich das Filmposter zu *Good Morning, Vietnam* auf. Über diesen Krieg dürfte er sogar sprechen, theoretisch auch über Kriege davor. So, wie ich gleich ein paar Tassen jenes Kakaodrinks mit reinbringen darf, der in Deutschland seit 1959 existiert. Neuer Kakao oder gar Sojamilch wären verboten, wie die Rede über aktuelle Nachrichten und über alles, was nach dem Jahr stattgefunden hat, in dem das Zimmer gerade spielt.

Auf der schmalen Fensterbank im Bad liegen alte Reparaturhefte für Mopeds und VW-Busse von Susanne. Das Becken ist vom Seifenstück verklebt, verschieden lange Haare in der Schmiere. In der Küche verteilen sich Dinge über jede freie Fläche, dazwischen Teebeutelschachteln und ein Schraubendreher mit wechselbaren Bits. Die Gewürze haben zwar ihr Regal, aber nur die, die niemand nutzt, warten darin vergeblich auf ihren Einsatz, während Pfeffer hell, Pfeffer schwarz, Paprika, Curry und Pommesgewürz sich zwischen dem ungewaschenen Geschirr und dem schmalen Zwischenraum von Herd und Wand verteilen.

Ich hole die Milch aus dem Kühlschrank, stelle Tassen auf ein Tablett und nestele die Dose mit dem süßlichen Pulver aus der tiefen Schublade. Sie leistet Widerstand, bevor sie sich vom verklebten Boden löst. Seidig verkleidete Muskeln streifen mein Fußgelenk. Glänzendes, schwarzes Fell.

«Es ist fast ein Uhr nachts, Yannick.»

Unser Kater sieht mich an, als wolle er sagen: «Wenn der Mensch die Küche betritt, ist immer Essenszeit.» Dann zuckt er zusammen, weil das Festnetztelefon klingelt. In der Leitung spricht Hartmuts Mutter.

«Aha, in der Nacht geht er ran, der Sohn. Jener Sohn, der meinte, wenn die Eltern ihren Traum wahr machen und im Alter auf eine Nordseeinsel ziehen, dann würde er sie oft besuchen. Das sei dann ja wie Urlaub. Und nun ist bald Weihnachten, und der Sohn ward nicht gesehen.»

«Frau Hartmann, ich bin's. Ich, nicht Hartmut.»

«Oh.»

«Ja, das Festnetz gehört allen, wissen Sie.»

«Wo ist sie denn, die Frucht meines Schoßes?»

«Ich nehme Sie mit, warten Sie einen Moment.»

Ich lege das Telefon auf das Tablett, trage alles ins Zeitreisezimmer und reiche Hartmut den Hörer.

«Deine Mutter.»

Er wird blass. Es ist ohnehin schwierig. Um die Regeln einzuhalten, müsste er so tun, als wäre er zu Gast in einem anderen Jugendzimmer, und es ginge darum, wann sie mit ihm heute Abend rechnen kann. Jetzt, wo die ersten grauen Haare in seine Koteletten schießen, geht es darum, wann sie je wieder mit ihm rechnen kann.

«Mama.»

Susanne stellt das Rennen auf Pause. Jochen beugt sich vor und nimmt sich den ersten Kakao. Mario und ihm gehört das alles hier. Das Haus, die drei Garagen, die Gartenhütte, die Scheune, der Hühnerstall, die Wiesen, der Teich und der Selbstversorgergarten. Den Kredit hat einst Mario bezahlt, der von uns allen das meiste Geld verdient und am seltensten da ist, um das Anwesen zu genießen. Gerade hat er wieder Nachtschicht in der Werbeagentur, weil eine Kampagne fertig werden muss. Landwirte schlafen und Installateure, sogar Ärzte und die Soldaten in dem Krieg, der gerade tobt. Nur die Werbung, die ruht nie. Wir hören nicht, was Hartmuts Mutter sagt, doch seine Antworten sprechen für sich.

«Hm.» – «An dem Wochenende hatte ich einen Lehrauftrag. Wie soll ich da ableh...?» Er unterbricht seinen Satz, denn im Jahre 1992 kann er noch keinen Lehrauftrag gehabt haben.

«Ja.» – «Ja, Mama, ich weiß, es war ein Kaiserschnitt damals.»

Susanne legt die Hand vor die Stirn. Caterina kichert. Hartmuts Mutter bringt wohl Argumente, auf die er im Zeitreisezimmer nicht antworten kann, also geht er in den Flur. Durch die Tür hören wir, wie er lauter wird.

«Mutter, nein, das ist zynisch. Wie kannst du so was sagen, wo die Menschen leiden?» – «Ich verstehe das doch.» – «Ja.» – «Grüß Papa.»

Hartmut kehrt zurück und lässt das Telefon fallen, als wäre es ein glühendes Stück Kohle. «Das hätte ich hier drin nicht benutzen dürfen!» Er schaltet die Pause frei, und alle greifen hektisch zu den Joypads. Nach drei Metern Strecke stellt er die Pause wieder ein und klatscht das Spielgerät auf seine Oberschenkel. «Da sagt die doch ernsthaft, sie habe nur eine Bitte – dass wir uns noch einmal sehen, bevor der Krieg auch zu uns ins Land kommt.»

«Hartmut!», rufe ich. «Wir sitzen im Zeitreisezimmer.»

«Ich habe nicht gesagt, *welcher* Krieg. Es war immer einer, die ganze Zeit, schon vergessen?» Er kaut auf der Unterlippe herum. «Aber im Grunde hat meine Mutter recht. Wann waren wir das letzte Mal auf Borkum, seit sie dort hochgezogen sind?»

«Vor eineinhalb Jahren.» Caterina und ich sprechen es wie im Kanon aus. Wir haben uns diesen Ausflug gut gemerkt, denn erst kurz davor kam die Welt für uns wieder ins Lot, während sie allgemein in Schieflage ist.

«Anderthalb Jahre!» Hartmut massiert seine Nasenwurzel.

Susanne kann sich nicht zurückhalten. «Und das, wo es damals ein Kaiserschnitt war.» Jochen muss lachen. Hartmut klappt auf dem Sofa nach vorne zusammen und bleibt, den Kopf auf den Beinen, liegen, während das Joypad der alten Konsole an seiner Hand zu Boden baumelt.

Am nächsten Mittag hacke ich Holz vor der Gartenhütte. Jochen füttert die Hühner. Caterina steht im Bademantel in der Haustür, einen Kaffee in der Hand. Bademantelwetter im November, sie werden einen Brennpunkt daraus machen. Eileen, die Nachbarstochter, kommt mit dem Hund vorbei und schüttelt den Kopf. «Fünfzehn Liter Spritverbrauch, schwurbelige Selbstversorgung und toxische Männlichkeit.» Sie zischt es eher, aber ich höre jedes Wort. Sie ist kaum achtzehn, aber ihr Blick schwankt schon jetzt zwischen evangelischer Pfarrerin und einer Politikerin, die in der Regenwalddusche auf dem Carrara-Marmor tiefe Schuldgefühle wegen ihrer hohen Diäten hat. Mich zu guter Laune zwingend, hebe ich winkend die Spaltaxt.

Hartmut und Susanne schlendern herbei und machen Scherze über die Geräusche, die ich von mir gebe, wann immer die Axt auftrifft. «Wie damals Gabriela Sabatini auf dem Tennisplatz.»

Ich schaue sie schwitzend an.

«Nein, Scherz», sagt Hartmut, «ich finde das toll, dass du dich jetzt schon drum kümmerst – unsere Eltern werden begeistert sein!»

Einen Moment lang stehen Hartmuts Worte in der Luft wie die Münzen auf Marios Rennstrecke. Susanne legt den Kopf schief. «Unsere Eltern?»

«Ja.» Hartmut strahlt. «Ich habe sie angerufen. Heute morgen. Alle. Heiligabend treffen sie ein, zwischen 17 und 18 Uhr.»

Jochen bleibt starr zwischen den Hühnern stehen. Ein paar Körner rieseln aus seiner Hand zu Boden. Caterina geht in der Haustür in die Hocke und hält sich am Rahmen fest.

«Sie bleiben bis ins neue Jahr. So holen wir alles nach, was wir versäumt haben! So tilgen wir unsere Schuld!»

Susanne wirft die Hände nach vorne. «Nimm uns nicht in Sippenhaft. Ich fühle mich nicht schuldig!»

«Wann habt ihr zuletzt eure Eltern besucht? Hm? Susanne? Wann warst du in Köln? Caterina, du in Bad Homburg?» Er zeigt auf mich. «Deine Mama lebt immer noch hier und züchtet ihre Pflanzen in der Baumschule am

Stadtrand. Wann haben wir dort das letzte Mal die Thujen getätschelt? Als Kinder unserer Eltern haben wir nicht nur Rechte, sondern auch Pflichten. Und die sind nicht lästig, sondern ehrenhaft, denn Pflichten sind die Rechte anderer auf uns.»

«Und das war Kant?», frotzelt Susanne. «Oder Hegel?»

«Nietzsche», antwortet Hartmut, «frei nach Cicero, wiedergegeben von Richard David Precht.» Er schaut hinüber zu Jochen, um dessen Füße die Hühner darauf warten, dass es ernsthaft weitergeht und nicht bloß ein paar Zufallskörner fallen. «Und nach all den Jahren hat das Publikum, äh, ich meine, haben wir Jochens Eltern noch nie zu Gesicht bekommen.»

Der Rest an Futter fällt in einem Rutsch zu Boden. «Du hast auch meine Eltern eingeladen?»

«Ja.»

Langsam kommt Jochen herüber und tritt so nah an Hartmut heran, wie es jahrelang verboten gewesen ist. «Meinst du nicht, es könnte einen Grund geben, wieso sie noch nie hier waren?»

Hartmut wird bleich. «Oh nein! Jochen, das wusste ich nicht. Wir schreiben das Jahr 2022 und haben die vierzig überschritten. Da bin ich davon ausgegangen, dass deine Erzeuger es wissen.»

«Was wissen?»

«Na, von Mario und dir. Ihr seid seit siebzehn Jahren ein Paar.» Hartmut schnellt vor und greift Jochens Hände. «Weißt du, was? Wir sagen es ihnen gemeinsam. So kann's doch nicht weitergehen.»

Jochen schüttelt Hartmuts Pfoten ab. «Selbstverständlich wissen meine Eltern, dass ich schwul bin. Die wissen es seit meinem fünfzehnten Lebensjahr!»

«Oh.»

«Ja, oh!»

«Und warum durfte ich sie dann nicht einladen?»

«Meine Eltern sind nicht homophob, sie sind chaosphob. Absolute Ordnungsfanatiker. Manische Perfektionisten.»

«Das sind alle Eltern.»

«Nicht wie meine! Nicht wie mein Vater! Wenn der ein Objekt in die Hand nimmt, egal wie klein es ist, dann trifft er immer eine Entscheidung. Er sortiert alle Schrauben in einzelne Gruppen. Wenn er von einer Sorte nur noch drei Stück besitzt, kriegen die ein Extrafach!»

Jochen hyperventiliert. Yannick kommt herbei und streift süß um seine Beine, um ihn zu beruhigen. Er weiß, er darf nicht den Mann des Mannes verlieren, der hier letzten Endes das Futter bezahlt.

Susanne knetet ihren Daumen. «Meine Mutter sagt, wer Staub auf den Schrauben hat, mit denen die Kloschüsseln im Boden befestigt sind, der hat sein Leben aufgegeben.»

Caterina hockt immer noch im Haustürrahmen. «Für meine muss alles gebügelt sein. Handtücher, Spültücher, sogar Servietten ... die natürlich aus Stoff zu sein haben.» Sie blickt auf. «Außerdem haben meine Eltern noch nie auf dem Boden geschlafen. Wir müssen Betten frei machen. Betten kaufen.»

Ich schaue über unser Gelände. Hinter Gemüsegarten und Hühnerstall liegt der Teich. Unsere Schildkröte Irmtraud lebt immer noch darin. In letzter Zeit scheint sie allerdings oft miese Laune zu haben. Die Hecken sehen aus wie Frisuren von Zeichentrick-Professoren, nachdem sie in eine Steckdose gefasst haben. «Meine Mutter pennt überall», sage ich, «aber die Natur muss bei ihr gepflegt sein.»

Hartmut hebt seine großen Hände. «Es sind noch sechs Wochen. Wir schaffen das!»

Ich denke daran, wie die Nesquik-Dose am Boden der Schublade festgeklebt hat. Yannick lässt von Jochens Beinen ab und jagt eine Libelle.

«Das ist Wahnsinn.» Jochen zieht sein Telefon aus der Tasche, geht Richtung Teich, führt ein Gespräch, kommt wieder und sagt: «So. Mario nimmt seinen ganzen Jahresurlaub, nur um uns zu helfen. Da hast du eine neue Schuld zu tilgen, Hartmut.»

Noch am selben Tag fangen wir an. Ich räume die Schublade in der Küche aus und versuche, die millimeterdicke Klebschicht mit Aceton zu entfernen. Jochen schrubbt den Gasherd. «Sind das Käsereste, oder ist das Zement?» Caterina huscht mit einem Klemmbrett herum und notiert, was alles aufgefüllt und somit eingekauft werden muss. Mario jagt die Heckenschere durch die Stromschlagfrisuren der Hecke. Alle Maschinen laufen. Waschmaschine. Spülmaschine. Yannick fährt hocherhobenen Hauptes als Sitzgast auf dem Staubsaugerroboter.

Ich lasse von der Klebschicht ab, nehme mir ein Bier und gehe durch die Waschküche auf den Hof. Zwei unserer drei Garagen sind bereits geöffnet. In der ersten befindet sich die Werkstatt für Heimwerkerarbeiten. Theoretisch. Praktisch branden alte Kartons, Kisten und nicht weggebrachter Sperrmüll an der Werkbank hinauf wie schaumige Wellen an steilen Klippen. Die zweite beinhaltet die Mopeds und einen alten Opel Ascona, den Susanne noch nicht repariert hat. Gemeinsam mit Hartmut steht sie nun vor der dritten. Hartmut hat die Hand am Torgriff.

«Bereit?»

Susanne nickt zögerlich ... dann schreien wir auf, als sich eine Lawine aus Stahl, Blech, Aluminium, Eisen und ein wenig Holz fast auf den gerade noch in den Busch hechtenden Hartmut ergießt. Die Dinge müssen von innen an das Tor gedrückt haben, deckenhoch. Völlig unerklärlich, wie sie auf diese Weise jemals hineingeräumt worden sein sollen. Nun aber stürzen sie ins Freie, quietschend und knackend wie halb tote Transformers, die auf die Menschen losgehen, die sie so lange eingesperrt haben. Jochen kommt aus dem Haus und fällt auf die Knie, denn zwischen all den großen Teilen haben sich auch zwei, drei Kilo gemischte Schrauben auf den Asphalt ergossen. Klagend wirft er die Hände gen Himmel. «Nein!!!»

Caterina, die in der Zwischenzeit in der Gartenhütte angekommen ist, streckt den Kopf aus ihr hinaus und ruft: «Es schimmelt! Überall Pelz hier drin! Wir brauchen sofort eine professionelle Sanierung und danach eine Trocknungsanlage!»

Mario schaltet an der Hecke die Schere aus, schaut in die Runde der aufgescheuchten, menschlichen Hühner und sagt: «Stopp!»

Alle schauen wir zu ihm hinüber, diesen knapp zwei Metern Lebenstüchtigkeit, Blattreste auf der verschwitzten Stirn.

«Ja, wir brauchen eine Hüttensanierung, aber vor allem brauchen wir einen Plan! Ist euch bewusst, dass drinnen auch gestrichen werden muss? Mindestens die Küche? Und was denken unsere Eltern über das lose Kabel von der Satellitenschüssel an der Wohnzimmerwand? Um nur zwei Beispiele zu nennen, die ihr übersehen habt. Ein Plan muss her, und wir brauchen mehr Hilfe. Viel mehr Hilfe!»

Am nächsten Tag ist die defekte Regenrinne, die Wasser in die Wand der Gartenhütte geleitet hat, repariert und die Schimmelsanierung im vollen Gange. Das Trocknungsgerät wird noch geliefert. Es wird wochenlang dröhnen. Die Hütte ist leer geräumt. Ganz leer? Nein! Ein von unbeugsamen Notizen bevölkertes Flipchart hört nicht auf, dem Chaos Widerstand zu leisten. Ein präziser Aufgabenplan ist darauf zu finden, mit exakter Verteilung der Verantwortlichkeiten und präzisen Zeitbudgets. Mario hat die ganze Nacht daran gearbeitet und alle instruiert, dass jede Tagesaufgabe geschafft werden muss – und wenn's bis vier Uhr morgens dauert. Dies sei keine Werbekampagne oder Notbehandlung am offenen Herzen, keine militärische Spezialoperation oder die tapfere Abwehr derselben, nein, dies sei die ernsthafteste Angelegenheit, der ein Mensch sich stellen kann – die Ankunft der vernachlässigten Eltern an den heiligen Tagen. Und da deren frühestes Eintreffen sogar exakt auf 17 Uhr am 24. Dezember, Heiligabend, terminiert ist, trägt der Plan die Überschrift: H17.

So heißt unsere Mission.

H17.

Und weil sie selber ganz genau wissen, wie das ist, wenn die Eltern kommen, sind alle aus der Nachbarschaft dabei. Sogar Eileen und ihre Freunde. Die Eltern helfen gratis, aber die jungen Leute werden bezahlt. Nicht für den persönlichen Gewinn, denn die Teenager von heute sind Altruisten. Das ganze Geld geht an die Ortsgruppe der Tomorrow's Children, die sich für eine bessere Welt einsetzt, in der alles anders ist, als die Kids es vorgefunden haben.

«Dein Jeep», knurrt Eileen, während sie mit mir Unkraut aus den Ritzen der Einfahrt schabt, «dir ist schon klar, dass der Manspreading auf Rädern ist?»

Ich ignoriere die Bemerkung. Anglizismen lösen bei mir Durchzug aus, solange sie nichts mit Videospielen zu tun haben. Am Hauseingang weist ein Schild darauf hin, wo drinnen das Klo und die Küche zu finden sind. Eileens Freunde haben es gemäß moderner Prämissen korrigiert. Erst stand dort «Für die Helfer», nun «Für die Helfer*innen». Unser ältester Nachbar meinte, ein Schild, das ins Haus führe, müsse nicht extra betonen, dass sich die Helfer, wenn sie ihm folgten, danach innen befänden. Auf den Garagen spielen Lautsprecherboxen, um die Arbeiten munter zu beschallen. Es läuft eine Playlist, die Hartmut pflegt, seit wir vor langer Zeit den guten Khaled in seinem Land Rover kennengelernt haben, der noch mehr Sprit schluckt als mein Jeep. Songs aus aller Herren Länder, von Marokko bis zur Mongolei, von Venezuela bis zum Tschad. Gerade läuft traditionelle Musik aus Burkina Faso, gespielt mit Djembe-Trommeln, dem Balafon und der Kora, einer 21-saitigen Mandoline. Eileen zeigt zu den Boxen. «Und das ist kulturelle Aneignung. Echt jetzt mal!»

Ich lasse meinen Schaber sinken, stütze mich auf die Oberschenkel und sehe das junge Mädchen an.

«Ja, guck nicht so, alter weißer Mann. Wir renovieren hier ein großes Anwesen, weil eure Eltern kommen, voll das Luxusproblem, und hören dabei traditionelle afrikanische Musik, ohne eine eigene Opfergeschichte zu haben. Weißt du, wie anmaßend das ist?»

«Was wäre denn nicht anmaßend für einen Deutschen? Sollen wir Schlager spielen? Oder die Onkelz? Wir hätten auch ganz ursprüngliche deutsche Volksmusik da, mit Zither und Waschbrett, von echten Wandelgermanen. Wäre das kulturell unangeeignet genug?»

«Soll ich die Antifa holen?»

Ich betrachte das zarte Wesen mit dem Tattoo einer Pusteblume auf dem Arm und dem geglätteten Haar. Kürzlich haben die Tomorrow's Children eine Musikerin ausgeladen, weil sie als Weiße Rastas getragen hat.

«Was hörst denn so?», frage ich.

«Hip-Hop», sagt Eileen.

Ich presse die Lippen so fest zusammen, dass sie mir abzusterben drohen, und entwurzle den nächsten Löwenzahn.

Als die Einfahrt frei ist, gehe ich ins Haus, denn ich habe seit drei Stunden Caterina nicht gesehen. Seit wir uns wieder haben, muss ich ständig prüfen, ob sie noch da ist. Ich finde sie im Zeitreisezimmer, wo sie winzige Schachteln für die einzelnen Schraubensorten bastelt. Ich massiere ihren Nacken, während sie die Typenbezeichnungen wie gedruckt aufmalt.

«Wir wollten erst kleine Plastikbeutel nehmen, aber die Tomorrow's Children haben eine Sitzblockade dagegen gemacht.»

«Verstehe. Woher kommen die Schachteln?»

«Selbst geschnitten und gefaltet. Wir reihen sie in der ersten Garage über der Werkbank auf wie ein Gewürzregal.»

«Du bist eine Zauberin.»

Ich schaue ihr zwar auf den Nacken, aber sehe sie lächeln.

Von draußen vernehmen wir einen markerschütternden Schrei.

Das Gebrüll kommt vom Gartenteich. Hartmut und Susanne stehen neben einem medizinballgroßen Klumpen aus Schlamm, Erde, Schlick und Teichpflanzen. Das Ding stinkt faulig. Es zischt. Ich schiebe ein paar Leute beiseite und berühre es. Am Steinrand des Teiches sind Schleifspuren zu sehen. Auf dem Hügel schüttelt Irmtraud ihren kleinen Schildkrötenkopf.

Hartmut sagt: «Wir wollten nur die Pflanzen auslichten ...»

Eileen stürzt an den Ballen, die kleinen Augen aufgerissen. «Da zappelt ein Fisch drin!»

Jetzt sehen wir es auch. In dem Geflecht aus Schlick, Erde und Wurzelwerk alter Pflanzen leuchtet es orange. Ohne zu zögern, dringt Eileen mit den schmalen Fingern ein, bricht ein Stück heraus, das den Fisch noch umfängt, hält es über den Teich, bröselt es auseinander und lässt den Goldi wieder in sein Habitat gleiten.

Alles applaudiert.

Eileen winkt ab.

Ihre Freunde rufen: «Wir sind die Tomorrow's Children!»

Jochen sinkt auf die Knie. «Plan hin oder her ... wir werden niemals rechtzeitig fertig!»

In den kommenden Wochen scheint sich Jochens Prognose zu bewahrheiten. Wir arbeiten bis zur Erschöpfung, kaum jemand schläft mehr als drei Stunden. Mario hat alle Sorten von Energydrinks in der Gartenhütte aufgereiht. Sein Chef aus der Agentur bot ihm an, für alle Beteiligten günstiges Kokain zu besorgen, aber Hartmut wendete sich dagegen mit den Worten: «Für seine Eltern macht man alles, nur drogensüchtig wird man nicht.» Immer wieder tauchen Probleme auf. Die Silikonfugen im Bad müssen erneuert werden. Auf den Dachziegeln hat sich Moos angesammelt. Der Dachboden muss aufgeräumt werden, denn bei insgesamt zehn Eltern zieht mit Sicherheit auch einer an der Luke.

Es ist nicht zu schaffen.

«Kneif mich mal.»

Wir stehen vor der Haustür. Es ist der 24. Dezember. Zwölf Uhr mittags. Wir schauen auf unser Anwesen. Auf die getrocknete und wieder eingeräumte Hütte und die Scheune, in denen wir schlafen werden, während unsere Eltern die Betten bekommen. Auf die perfekt geschnittenen Hecken und das goldbraune Licht der Werkstatt mit 72 Sorten von Schrauben auf dem Schachtelregal. Vom Herd im Haus kann man nun essen, am Tisch, mit gebügelten Servietten. Yannick schreitet durch gemähten Rasen wie ein Katerfürst. Irmtraud macht im Gartenteich Rückenschwimmen. Auf der Straße knirschen die Sohlen der Nachbarn, die bis zum Schluss mitgeholfen haben. Sogar Eileen winkt noch mal zum Abschied.

Jochen schaut auf seine alte Casio-Uhr. «In fünf Stunden kommen sie.»

«... und nicht mal ich habe mehr davor Angst», lächelt Caterina.

Hartmut hebt den Zeigefinger. «Wir müssen nur noch kochen.»

Ich grinse. «Da alle unsere Familien den Klassiker *Kartoffelsalat mit Würstchen* als Weihnachtsessen akzeptieren, wird das kein Problem sein.» Yannick maunzt und schaut nach oben. Sein Ohr zuckt.

«Was hat er?»

«Schnee! Die erste Flocke.» Caterina streckt die Arme aus. «Eine weiße Weihnacht! Der Himmel belohnt unsere Mühen!»

Hartmut lächelt, wie nur einer lächeln kann, der glaubt, sein Plan, der erst zu einem wurde, weil andere ihn erarbeitet haben, wäre von Anfang an ein Geniestreich gewesen.

Zwei Stunden später ist so viel Schnee gefallen, dass man den Teich nicht mehr sehen kann. Die weiße Wucht drückt auf das Dach der Gartenhütte und lässt am Waldrand die Zweige der Bäume sinken. Yannick versinkt so tief, dass nur noch die schwarzen Spitzen der Ohren rausgucken. Hartmut greift ihn heraus und trägt ihn in die Küche, wo wir fassungslos vor den riesigen Schüsseln mit Kartoffelsalat stehen. Im Wohnzimmer laufen Sondersendungen. Wintereinbruch über ganz Deutschland. Meteorologen prognostizieren Dauerschneefall bis Anfang Januar. Es wird der Notstand ausgerufen. Die Tomorrow's Children von Berlin und Köln haben Dächer besetzt. Der Kanzler deutet ein neues Sondervermögen an. Hartmuts Handy klingelt. Sein Vater ruft in den Hörer. «Es geht nichts mehr. Wir sind nur bis Elmshorn gekommen und in ein Motel geflüchtet!» Wenig später erhalten alle anderen ähnliche Anrufe. Susannes autofreie Mutter kann Köln nicht verlassen, weil keine Züge mehr fahren. Jochens Papa will das Haus nicht ohne frei gemachte Wege stehen lassen. Marios Eltern sind in einem Ort namens Rummenohl verschollen. In Bad Homburg bekommt Caterinas Vater nicht mal mehr die Haustür auf. Meine Mutter will es probieren, ihr Nachbar hat Schneeschuhe angeboten. Als ich ihr erzähle, dass sie der einzige Gast wäre, atmet sie so aus, dass es sich traurig anhören soll, aber erleichtert klingt. «Ich hätte ohnehin nicht gewusst, wie ich den Weg aus der Stadt zu euch bis auf den Hof in Schneeschuhen zurücklegen soll.»

H17.

Um siebzehn Uhr am Heiligabend sitzen wir im Zeitreisezimmer. Den Kartoffelsalat und die Würstchen haben wir mitgenommen, das war schon damals Tradition. Keiner hat daran gedacht, Geschenke zu kaufen.

«Das war der einzige Raum, in dem wir nichts machen mussten», sagt Hartmut. Er und ich pausieren gerade, während Caterina, Susanne, Jochen und Mario das Flower Cup Race fahren.

«Alles ist perfekt», nicke ich, «das erste Mal im Leben.»

Hartmut lehnt sich auf dem Sofa zurück, während auf dem alten Grundig die Gokarts dröhnen. «Nun müssen wir diesen Zustand nur noch bis zum nächsten Heiligabend halten.»

Fünf Paar groß aufgerissene Augen blicken ihn an.

Yannik lacht.

*Bettina Rolfes*

# Zucchiniblüten

Ein Blick auf die Uhr. Wenn es nicht bald weiterging, würde ich zu spät kommen. Ausgerechnet heute! Seit einem halben Jahr hatte ich gepredigt, wie viel Wert die Deutschen auf Pünktlichkeit legten. Ich versuchte es mit einem Stoßgebet. Als ich Kind war, hatte das geholfen. Lieber Gott, lass die U-Bahn weiterfahren! Es nützte nichts.

Ich war noch neu in der Branche, und es war meine erste Weihnachtsfeier mit einem Deutschkurs. In den letzten Wochen hatte ich die weihnachtlichen Bräuche erklärt. Jeden Morgen hatte ich den Adventskranz angezündet, zuerst eine Kerze, dann zwei, dann drei ... Und jeden Morgen durfte jemand ein Türchen des Adventskalenders öffnen. «Türen mit Schokolade!», nannten sie das. Auch über Geschenke hatten wir gesprochen. «Was kann man schenken?», hatte ich gefragt. «Was schenkt man in Ihrem Land?» Und schließlich hatte Moussa gesagt: «Ein Schaf!» Die Vorstellung, dass dieser stattlicher Afghane im besten Alter mit einem Schaf auf dem Arm in einen Festsaal trat, war mir seitdem nicht mehr aus dem Kopf gegangen.

Da hörte ich plötzlich jemanden meinen Namen rufen. Johanna, meine Kollegin! Wir saßen im gleichen Wagen, ich hatte sie nicht bemerkt. Jetzt setzte sie sich zu mir. «Wie geht's im Kurs?» Sie war schon seit zwanzig Jahren dabei und kannte sich aus.

«Das ABC haben wir geschafft», erwiderte ich gequält. «Und heute ist Weihnachtsfeier!»

Stolz zeigte ich den Inhalt meiner Tasche: eine Tischdecke, mit Rentieren und Sternen bedruckt, eine CD mit Weihnachtsliedern zum Mitsingen und zwölf Tütchen Weihnachtsgebäck. Ich hatte Zimtsterne, Lebkuchen, Mürbeteigplätzchen produziert und für jeden noch Süßigkeiten dazugepackt.

Johanna inspizierte die Tütchen. «Das ist nicht dein Ernst!», rief sie plötzlich. «Dominosteine?»

Ja. Ich liebte Dominosteine. Sie gehörten unbedingt dazu.

«Da ist Gelatine drin! Oder sind das welche mit Agar-Agar?»

Die U-Bahn setzte sich mit einem Ruck in Bewegung.

«Die wird aus Schweinehaut gemacht!», zischte Johanna. «Das geht gar nicht!» Stimmt, in Dominosteinen ist Gelatine.

Johanna stieg an der nächsten Station aus, und ich beeilte mich, die roten Schleifchen zu öffnen und die Dominosteine aus den Tütchen zu entfernen. Kurz überschlug ich, wie viele Muslime und wie viele Christen im Kurs waren, ging dann aber lieber auf Nummer sicher.

Da fiepte mein Handy.

«Auch nichts mit Schweinebutter!», schrieb Johanna.

Ich schickte drei Fragezeichen zurück.

«Schmalz», war die Antwort.

Nein, auf Schmalzgebäck hatte ich verzichtet. Die U-Bahn erreichte den Hauptbahnhof. Hamburg ist zweigeteilt. Im Westen leben die Biodeutschen, in gepflegten Altbauten und Straßen mit Kopfsteinpflaster, zu dessen Erhalt sie Bürgerinitiativen gründen. Im Osten beginnt die große, weite Welt. Wenn ich über die Alster fahre, fühle ich mich, als würde ich den Bosporus überqueren. So war es auch heute. Der SZ-lesende Studienrat stieg aus, eine quietschende Gruppe junger Mädchen mit Kopftuch machte sich breit.

«Nein, glaub ich nicht!»

«Doch, ich schwör. Sie hat schon!»

«Ich denk, sie will im Sommer heiraten!»

«Ja, und?»

Die U-Bahn hielt, die Mädchen schulterten ihre Rucksäcke mit den baumelnden Diddlmäusen, zogen die Kopftücher zurecht und stürmten zur Tür.

«Kann sie doch trotzdem 'ne Bewerbung schreiben...»

Sie brachen in schallendes Gelächter aus, während sie den Bahnsteig entlanghüpften.

An meinem Ziel hatte die U-Bahn dreißig Minuten Verspätung. Ich sprang eilig aus dem Waggon, stolperte und landete in den Armen eines Riesen, der gerade einsteigen wollte. «Hoppla!»

Ich kannte diese sonore Stimme. Es war Oleg, der Russe, der ein paar Wochen in meinem Kurs gewesen war. Herzlich schüttelte er meine Hand. Er hatte riesige Klempnerpranken, und für einen Moment fühlte ich mich glücklich und geborgen.

«Ich habe B1 gemacht! Sie haben mir so geholfen. Vielen Dank!» Er strahlte, die Tür schloss sich, die U-Bahn fuhr wieder an. B1, das war die Währung hier im Osten der Stadt. Das war die Prüfung, die alle brauchten. Für die Einbürgerung, für eine Umschulung, fürs Jobcenter.

Ich stieg die Treppe hoch. Oben fegte eisiger Dezemberwind Plastiktüten durch die Luft. Hier waren viel mehr Menschen unterwegs als in meinem Viertel. Eine Familie schleppte eine Kiste Granatäpfel zum Auto. Eine Gruppe junger Männer lungerte vor der Shishabar. An der Ecke versammelten sich ein paar Frauen und wurden von einem Kleinbus abgeholt, in dem jede Menge Besen und Schrubber deponiert waren. Zwei ältere Damen betrachteten die Auslagen des türkischen Juweliers.

Der Kursraum befand sich zwischen einem Gemüseladen und einem Herrenfriseur. Meine Kollegin hatte sich schon am Tag zuvor in die Ferien verabschiedet. Am Fenster ihres Raumes waren die Jalousien heruntergelassen.

Ein Grüppchen meiner Teilnehmer stand vor der Tür. Einige rauchten. Die Afghanen trugen heute knielange Hemden, die unter ihren Jacken hervorlugten. Einer hatte eine Persianerkappe auf dem Kopf, ein anderer einen breiten hellbraunen Filzhut. Auch die anderen waren festlich gekleidet, alle hatten die Schuhe blitzeblank geputzt. Ich entschuldigte mich für die Verspätung.

«Kein Problem. Wir haben Zeit!»

Die Klasse war leer, doch aus dem Nachbarraum drang laute Musik. Arabische Musik, soweit ich das beurteilen konnte. Ich packte meine Sachen aus und begann, die Möbel umzuräumen. Ahmed und Mahmud, die beiden Tunesier, kamen zu Hilfe. Wir schoben die Tische zusammen und deckten eine festliche Tafel mit dem Adventskranz in der Mitte.

Die Musik von nebenan wurde immer ekstatischer. Was war da los? Ich wollte nach dem Rechten sehen. Die Tür war abgeschlossen. Erst nachdem ich ein paar Minuten geklopft hatte, wurde geöffnet, und da stand Amina, eine kleine, resolute Person ganz in Schwarz. «Männer hier nicht kommen, hier Frauen kommen», erklärte sie.

Auch in diesem Raum waren Tische geschoben worden, allerdings zur Seite, sodass eine Tanzfläche entstanden war. Eine hübsche junge Frau mit langen roten Haaren, Minirock und gewagtem Dekolleté kam auf mich zu. «Schön sind Sie endlich da!» Ich war verwirrt. Wer war das?

Eine dunkelhaarige Schöne gesellte sich dazu. Sie trug ein hautenges Paillettenshirt zu engen Jeans, jede Menge Schmuck und war grell geschminkt, soweit das im Halbdunkel zu erkennen war. Auch sie umarmte mich. Die beiden wechselten ein paar Worte auf Arabisch, und nun erkannte ich sie. Das mussten Zora und Shakiba sein. Ehe ich michs versah, zogen sie mich auf die Tanzfläche.

Es war nicht einfach, sie davon zu überzeugen, dass wir mit den Männern zusammen feiern würden. Maulend knipsten sie das Licht an, rieben mit Feuchttüchern die Schminke vom Gesicht, banden die weißen Unterkappen um die Haare, zogen die dunklen Gewänder mit den passenden Kopftüchern über, senkten den Blick und folgten nach nebenan, wo die Männer an einer Seite des Tisches Platz genommen hatten.

Wie an jedem Tag eilte Amina nach vorn und schrieb den Wochentag an die Tafel. Und wie an jedem Tag war er falsch geschrieben, heute: *Vraitak*. Ich hatte noch nie so viele Varianten in der Schreibweise der Wochentage gesehen. Amina warf mir einen Blick zu, zuckte die Schultern und sagte lakonisch: «Zu viel Bumm Bumm. Kopf kaputt.» In Syrien hatte sie im Marketing einer großen Bank gearbeitet.

Ich zündete die Kerzen an, legte die CD ein, und zu den Klängen von «Oh Tannenbaum, oh Tannenbaum» tischten Ahmed und Mahmud eine enorme Platte mit nordafrikanischem Petersiliensalat auf. Herr Nguyen hatte vietnamesische Sommerrollen mitgebracht. Zora reichte syrisches *Ful* aus dicken Bohnen, Hummus, Joghurt, Tomaten. Amina drückte mir ein *Bolani* in die Hand, afghanisches Fladenbrot, gefüllt mit Gemüse und ziemlich scharf. Mustafa, ein melancholischer afghanischer Imker, hatte es mitgebracht. Ali, ein junger Türke, ging herum und bot Teigtaschen mit Spinat und Schafskäse an. Wo war eigentlich Bright? Und was stellte Svetlana da auf den Tisch? Eine Flasche mit einer klaren Flüssigkeit? Das konnte nur Wodka sein. Alkohol war nicht nur im Islam, sondern auch in Integrationskursen strengstens verboten. Svetlana sah mich an, ich musste den Kopf schütteln.

Herr Nguyen hob den Pappbecher mit Fanta, um einen Trinkspruch auszubringen. Noch immer konnte man kaum ein Wort verstehen von dem, was er sagte. Das musste an der Phonetik des Vietnamesischen liegen, an der dortigen Satzmelodie und Intonation. Jedenfalls nicht an mangelnder Intelligenz, wie die beiden Tunesier glaubten, die sich vor Lachen kaum halten konnten. Herr Nguyen hatte sich dieses Lachen sechs Monate lang gleichmütig angehört, jetzt war es genug. Er kippte Ahmed die Fanta ins Gesicht.

«Guckt euch doch an», brüllte er, und auf einmal verstand man jedes Wort. «Ihr seht doch aus wie Affen!»

Ahmed und Mahmud waren kräftige junge Männer mit starkem Bartwuchs, auch ihre Arme sahen anders aus als die von Herrn Nguyen. Nach einer Schrecksekunde sprang Ahmed auf und ging auf Herrn Nguyen los. Moussa, der ältere der beiden Afghanen, eilte hinzu, zog die beiden wie kleine Buben am Ohr und redete in seiner Sprache auf sie ein. Ahmed antwortete auf Arabisch, Herr Nguyen auf Vietnamesisch, und während sie so babylonisch debattierten, zeigte Svetlana aufgeregt nach draußen. Eine Afrikanerin schritt durch den Schneeregen, in einem gelb-lila-orange gemusterten Gewand, um den Kopf ein passendes Stück Stoff, das abstand wie Krepppapier. Bright.

Die Tür flog auf, und ein riesiger Thermotopf landete auf dem Tisch. «This is Fufu», rief sie. «Merry Christmas!» Fufu war ein Brei aus Maniok oder Yamswurzeln. Amina lud mir eine übergroße Portion auf den Teller. Bright tauschte die Weihnachts-CD gegen Afropop, stellte sich vor die Tafel, wiegte sich in den Hüften und sang. Sie trat auch als Sängerin auf afrikanischen Festen auf. Nun sang sie voller Inbrunst Liebeslieder und Gospels. In den Beifall hinein startete ich noch einen Versuch mit «Es ist ein Ros entsprungen» – vergebens. Die Afghanen wollten ihre CD vorstellen, mit Pop aus ihrer Heimat.

Leila, eine Perserin mittleren Alters, die nie eine Schule besucht hatte, war schon ein paarmal aufgestanden und hatte aus der Tür geguckt. Jetzt war es so weit. Sie lief hinaus und kam kurz darauf mit ihrem Mann und den beiden kleinen Töchtern wieder, beladen mit zahllosen Tüten. Die Familie besaß ein Restaurant. Nun gab es Safranreis, Hühnchen mit Mandeln und Aprikosen, Spinat in würziger Soße.

Ich war seit Stunden pappsatt und musste weiteressen. Sobald das Glas leer war, schenkte Amina nach. Leilas Töchter schwirrten wie kleine Prinzessinnen von einem zum anderen, verteilten Plastikbesteck, Servietten und Portionspackungen Butter, die man auf den Reis gab. Leilas Mann stand bei den afghanischen Männern. Moussa lebte schon lange in Deutschland, arbeitete am Wochenende bei Kentucky Fried Chicken und war immer für einen Scherz zu haben. Mustafa dagegen war ernst und verschlossen. Er sprach Paschtu, Dari, Turkmenisch und Russisch, aber kaum Deutsch und war auch jetzt eher schweigsam.

Doch plötzlich blitzten seine Augen. Leilas Mann musste etwas gesagt haben, das ihn erboste. Er schob sein Essen beiseite und erhob sich. Die beiden Männer redeten aufeinander ein. Ihre Stimmen wurden lauter, die Gesten heftiger. Alle hielten die Luft an. Moussa mischte sich ein und hielt Mustafa zurück. Leila versuchte, ihren Mann zu besänftigen.

«Eine Sunna, eine Schia», flüsterte Amina. Hier prallten also Sunniten und Schiiten aufeinander. Ich sah schon die Stühle durch den Raum fliegen. Wie sollte ich dazwischengehen? Und welche Nummer hatte der Krankenwagen?

Dann sagte Leilas Mann etwas, das Mustafa in Erstaunen versetzte. Sein Gesicht hellte sich auf. Er fragte etwas, der andere antwortete, und wenig später lagen sie sich in den Armen und klopften sich auf die Schultern, als sei nie etwas gewesen, und herzten sich wie zwei Brüder, die sich in der Fremde endlich wiedergefunden hatten.

Mustafa war aus einer Starre erwacht. Er hob den Blick und schaute von einem zum anderen. Gut gelaunt schaufelte er den Reis in sich hinein, stellte die afghanische Musik lauter – und begann zu tanzen. Zuerst wiegte er sich nur ein bisschen und schnippte mit den Fingern, dann ergriff der Rhythmus den ganzen Körper. Er tänzelte vor, zurück, zur Seite, bewegte die Hüften, die Hände, und ich dachte an Sirtaki, an arabische Bauchtänze und die vielen Arme indischer Göttinnen.

Alle sahen ihm zu und klatschten im Rhythmus, während er das erste Mal lächelte. Ernst und Düsternis waren aus seinem Gesicht verschwunden. Er schlug den Blick nicht mehr nieder, sah aber auch niemanden an, sondern ließ die Augen schweifen, durch uns hindurch auf einen fernen Horizont.

Dann war die Musik vorbei. Draußen setzte Schneetreiben ein, und während ich meine Weihnachts-CD einlegte, um vielleicht doch noch «Stille Nacht, heilige Nacht» anzustimmen, erklang plötzlich aus einem der Handys: «Allahu akbar!» Der Muezzin rief zum Gebet. Richtig, es war ja Freitag! Und vermutlich waren einige hier für den Moscheebesuch so festlich gekleidet, nicht wegen dieser Weihnachtsfeier.

Wir begannen aufzuräumen. Das Geschirr wurde abgewaschen, die Essensreste in Tupperdosen verstaut, der Adventskranz entsorgt, und einer nach dem anderen verabschiedete sich. Die Männer hielten die Hand aufs Herz und nickten freundlich, die Frauen herzten und küssten und überschütteten mich mit guten Wünschen.

Während ich verschämt meine Tütchen überreichte, bekam ich opulente Präsente: kein Schaf, aber eine Obstschale in Schwarz-Silber, vietnamesischen Kaffee, ein apricotfarbenes Cocktailkleid, an dem noch das Preisschild hing. Leila schenkte mir eine riesige Packung iranisches Konfekt, aus Blätterteig, Mandeln, Pistazien, Rosenwasser, Honig. Bright hatte aus afrikanischen Stoffen eine festliche Bluse genäht. Mustafa erklärte, er habe sich erkundigt, was man einer deutschen Frau zu Weihnachten schenke, und überreichte einen Dresdner Stollen. Moussa hatte einen ganzen Eimer Chicken Nuggets mitgebracht. Dazu kam noch eine Flasche Wodka von Svetlana. Und Ali flitzte zum Auto und kam mit etwas gut verpacktem Schwerem, Kaltem wieder. Es war ein Hecht, den er am Vortag aus einem Nebenarm der Elbe gezogen hatte. «Mit Angelführerschein», fügte er zwinkernd hinzu. Wir wussten beide, dass das nicht stimmte. Er half mir noch, alles einzupacken, und brachte mich zur U-Bahn. Es waren so viele Geschenke, dass ich sie kaum tragen konnte. Unterwegs sprachen wir über unsere kleine Feier. Wie festlich die Afghanen gekleidet waren!

Und wie köstlich das iranische Essen gewesen war! Wie lecker Ful schmeckte! Wie toll Bright gesungen hatte! Und wie die Männer sich schlagen wollten und wie es dann doch noch mal gut gegangen war. Ali summte eine Melodie und schnippte mit den Fingern. So hatte Mustafa es gemacht. «Mustafa ist eine Zucchiniblüte», sagte er. «Öffnet langsam.»

*Matthias Gretzschel*

# Winnetous Lichterfest

Im untergegangenen Land meiner Kindheit lag zu Weihnachten immer Schnee. Ende November, noch vor dem 1. Advent, begann es in Dresden in dicken Flocken zu schneien. Und der Schnee blieb bis in den Februar hinein liegen. Nach der Wetterstatistik kann das nicht stimmen, aber was ist eine Statistik gegen die übermächtigen Bilder der Erinnerung? Vielleicht lag unten in der Innenstadt kein Schnee, aber bei uns oben auf dem Weißen Hirsch war eine Advents- und Weihnachtszeit ohne weiße Pracht nicht vorstellbar. Hier auf dem Berg, wo es keine Neubaublocks und keine Kriegsruine gab, dafür alte Villen mit Türmchen und Erkern, verschnörkelten Giebeln und Fenstern aus buntem Glas, wurde der Advent zu einer Zeit der Geheimnisse und Wunder.

Dazu zählten die Pfefferkuchenhäuser in den noch immer privaten Bäckerläden, die aus schwarzem Karton geschnittenen, mit rotem Transparentpapier versehenen und von hinten beleuchteten Märchenbilder im Schaufenster von Betten-Wilhelm an der Bautzner Landstraße. Vor allem aber die verheißungsvollen Auslagen im Spielzeugladen *Kinderland* auf der Luboldstraße, der auf meinem Weg vom Pfarrhaus zur Schule lag und an dessen Scheiben ich mir stundenlang die Nase platt drückte. Da gab es ein batteriebetriebenes sowjetisches Mondfahrzeug, einen elektrischen Raupenschlepper, Lokomotiven, von innen beleuchtete Reichsbahn-Doppelstockwagen und Gleise der

Spurweite H0. Noch mehr aber interessierten mich die Indianer und Cowboyfiguren, die im Schaufenster zu dramatischen Kampfszenen arrangiert waren.

Für mich und meine Klassenkameraden aus der Polytechnischen Oberschule war der Weiße Hirsch Indianerland, auch in der Weihnachtszeit. Wir schwärmten für die Rothäute, die sich gegen die weißen Cowboys heldenhaft zur Wehr setzten. Ein bisschen war es mit den Indianern wie mit dem *tapferen Volk von Vietnam*, von dem wir in der Schule sehr viel mehr hörten als von den Indianern. Dabei hatten sie genauso gegen die amerikanischen Imperialisten gekämpft. Trotz ihres schweren Schicksals beneideten wir die Indianer ein bisschen. Schließlich durften sie in den USA leben.

Nach dem Vorbild der älteren Mitschüler aus der 8b, die eine Indianistik-Gruppe gegründet hatten und viel Zeit mit Perlenstickereien verbrachten, hatte ich einen Stamm ins Leben gerufen, dessen Führung ich als Häuptling *Weitspähender Falke* beanspruchte, während mir mein bester Freund Stephan als Medizinmann *Donner vom Berge* zur Seite stand.

Hinzu kamen mit Andreas und Rainer noch zwei Krieger, mit denen wir in der Dresdner Heide nachmittags gegen Heiko, Steffen, Thomas, Rüdiger und die anderen Bleichgesichter aus unserer Klasse in den Kampf zogen. Wir hatten alle DEFA-Indianerfilme gesehen und lasen alles, was wir an Indianerbüchern in die Hände bekamen: den *Lederstrumpf*, die Geschichte von *Blauvogel*, vor allem die großartigen Romane der Reihe *Die Söhne der großen Bärin*, von der ein Band mit Gojko Mitić in der Hauptrolle verfilmt worden war.

Doch es gab einen Indianer, der angeblich noch mutiger,

heldenhafter und schöner war als Gojko, nämlich Winnetou. Wir hatten viel von ihm gehört, wussten, dass er Apachen-Häuptling und Blutsbruder des Schriftstellers Karl May war, der im Wilden Westen den Namen Old Shatterhand getragen hatte. Leider kannten wir die Geschichten nur vom Hörensagen. Ein einziges Karl-May-Buch hatte ich lesen können, den dritten Band von Old Surehand, den mir mein Freund Lutz aus der nächsthöheren Klassenstufe für eine Woche geliehen hatte. Aber das lag inzwischen auch schon ein Jahr zurück, außerdem war mir die Geschichte ein bisschen rätselhaft erschienen, was wohl daran lag, dass in der schon recht vergilbten Taschenbuchausgabe die Seiten 240 bis 266 fehlten.

Harald, Matthias und Klaus von der Indianistik-Gruppe aus der 8b erzählten uns während der Hofpausen immer wieder neue Geschichten von Winnetou und Old Shatterhand. Aber es blieb bei dieser mündlichen Überlieferung, denn man konnte die Bücher in keiner Buchhandlung kaufen und in keiner Bibliothek ausleihen. Gedruckt wurden Karl-May-Bücher nur noch im Westen, wo man sie sogar verfilmt hatte. Bisher war es noch keinem Mitglied meines Indianerstamms gelungen, eines jener wundervollen Bücher in die Hand zu bekommen. Die Indianistik-Gruppe verfügte über zwölf Karl-May-Bücher aus Vorkriegsbeständen, verlieh sie aber nur an Stammesangehörige. Wir hatten keine Chance.

Die Sache mit Karl May war vertrackt. Der Schriftsteller war Sachse gewesen wie wir. Er hatte in Radebeul gelebt, was dicht bei Dresden liegt. Aber das änderte nichts daran, dass er in unserer sozialistischen Heimat zwar nicht direkt verboten war, aber eben doch *unerwünscht*. Bei einer Taschenkontrolle hatte die Staatsbürgerkunde-Lehrerin im

Schulranzen meines Freundes Lutz die vergilbte Old-Surehand-Ausgabe entdeckt und als Schund- und Schmutz-Literatur konfisziert. Karl May sei imperialistisch und im Übrigen ein Spinner, der sich alles nur am Schreibtisch ausgedacht habe und selbst allerhöchstens in der Sächsischen Schweiz gewesen sei, aber niemals im Wilden Westen. Wir sollten lieber das wunderbare Buch *Timur und sein Trupp* des sowjetischen Schriftstellers Arkadi Gaidar lesen, das sei viel spannender und außerdem pädagogisch wertvoll.

Allerdings existierten auf dem Weißen Hirsch einige Karl-May-Bücher, die teilweise noch aus der Vorkriegszeit stammten, zum Teil aber auch von mutigen Rentnern auf der Rückfahrt von ihren Westbesuchen im Mumien-Express über die deutsch-deutsche Grenze geschmuggelt worden waren. *Mumien-Express* wurde der D-Zug aufgrund des hohen Alters seiner Passagiere genannt, denn nur wer Rentner war, durfte in den Westen reisen.

Ende Juni, als eigentlich noch niemand einen Gedanken an das Christfest verschwendete, schrieb ich einen Brief an Tante Gerdi nach Augsburg und teilte ihr mit, dass ich mir zu Weihnachten diesmal kein Matchbox-Auto, keinen Rollkragenpulli und kein Nylonhemd wünschte, sondern ein Buch von Karl May. Welches, sei mir egal.

Vaters Schwester war freundlich und großzügig, aber nicht unbedingt mutig. Niemals hätte sie einen verbotenen Gegenstand – und «Druckerzeugnisse» waren verboten – bei ihren Dresden-Besuchen im Mumien-Express über die deutsch-deutsche Grenze geschmuggelt. Aber ein Karl-May-Buch im Weihnachtspaket zu schicken, dazu wollte sie sich bereitfinden. Sie werde, schrieb sie Anfang August, dem diesjährigen Paket mit den im Sozialismus schwer erhältlichen Zutaten für den Christstollen, nämlich Zitronat, Orangeat, süße Mandeln und bittere Mandeln, die dreibändige Winnetou-Ausgabe aus dem Karl-May-Verlag Bamberg beifügen.

Ich konnte mein Glück kaum fassen: Nicht nur ein Karl-May-Buch, sondern drei Bände sollte ich zu Weihnachten bekommen! Und die bildeten sogar das Grundlagenwerk zu Winnetou und Old Shatterhand! Mein Status als Indianerhäuptling würde sich sprunghaft erhöhen. Das Paket müsste nur im Herbst unkontrolliert die Grenze passieren.

Am 1. September war Weltfriedenstag und Schulbeginn. Ich kam in die sechste Klasse und musste mit meinen Mitschülern, die alle ihre Pionierhalstücher umgebunden hatten, auf dem Schulhof zum Fahnenappell antreten. Als Pfarrerssohn war ich kein Pionier, zum Fahnenappell musste ich trotzdem. Die Schuldirektorin hielt eine lange Rede, in der sie ausführlich auf den Kampf des tapferen Volkes von Vietnam gegen die US-amerikanischen Imperialisten einging und uns beauftragte, Wandzeitungen zu gestalten, auf denen wir den US-Präsidenten auffordern sollten, seinen verbrecherischen Krieg gegen das tapfere Volk von Vietnam sofort einzustellen. Wir sangen das Lied von der «Kleinen weißen Friedenstaube», doch in Gedanken war ich bei Winnetous Silberbüchse und seinem Hengst Iltschi.

Normalerweise traf Tante Gerdis Paket im September ein, lange vor dem in der Regel auf Mitte Oktober anberaumten Backtermin. Da Mutter Jahr für Jahr 38 Stollen buk, von denen wir 22 zu Verwandten und Freunden in den Westen schickten, musste diese Aktion bei Bäcker George auf der Bautzner Landstraße 11 stattfinden. Wie viele andere Weißer Hirscher Hausfrauen hatte sie sich schon im Sommer einen Termin in der Backstube reservieren lassen, diesmal für den 22. Oktober. Eine Woche zuvor waren fast alle Westpakete mit den Stollenzutaten eingetroffen, nur das von Tante Gerdi, das sonst immer das erste gewesen war, fehlte. Westpakete waren oft sehr lange unterwegs. Und dass Mutter nun zum Stollenbacktag bei Bäcker George mit weniger Zutaten als üblich auskommen musste, war mir egal. Das Einzige, worum ich bangte, waren die drei Winnetou-Bände, die unbedingt unterm Weihnachtsbaum liegen sollten.

Dann begann die Adventszeit, die selbst in der Polytechnischen Oberschule etwas Besonderes war. Immer zu Beginn der ersten Stunde, nachdem der Gruppenratsvorsitzende die Vollzähligkeit der 6b gemeldet und die Klassenlehrerin uns «Seid bereit!» zugerufen hatte, was alle Thälmann-Pioniere mit der Zusicherung «Immer bereit!» beantworten mussten, wurde ein Lied gesungen. Diesmal weder die «Kleine Friedenstaube» noch «Der Kleine Trompeter» oder die «Internationale», die ich auf Anweisung meines Vaters nicht mitsingen sollte, weil das ein atheistisches Lied sei, sondern etwas Weihnachtliches. Natürlich nicht wie bei uns im Pfarrhaus «Macht hoch die Tür» oder «Es kommt ein Schiff geladen», sondern ein Weihnachtslied, in dem es nicht um Gott und ums Christkind ging. «Oh Tannenbaum» zum Beispiel oder «So viel Heimlichkeit in der Weihnachtszeit».

Anschließend benannte die Klassenlehrerin einen Schüler, der ein Türchen des Adventskalenders öffnen durfte, der mit Klebeband am Mittelfenster des Klassenzimmers befestigt war. Darauf konnte man keinen Stall, keine Krippe und auch kein Christkind sehen, aber einen Weihnachtsmann, der durch dichten Winterwald stapfte.

Im Mittelpunkt stand das Sandmännchen aus dem Fernsehfunk, das einen Christbaum in der Hand hielt und von Herrn Fuchs und Frau Elster, von dem schwarzen Kobold Pittiplatsch, der Ente Schnatterinchen und den anderen Bewohnern des volkseigenen Märchenwaldes begleitet wurde. War das Fensterchen geöffnet, leuchtete dahinter ein transparentes Bildchen, das meistens Spielzeug zeigte. Obwohl ich kein Thälmann-Pionier war, durfte auch ich ein Türchen öffnen. Als dahinter ein Indianerhäuptling mit prächtiger Federkrone zu sehen war, nahm ich es als gutes Omen, dass Tante Gerdis Paket nun endlich kommen würde.

Tatsächlich war es an diesem 3. Dezember eingetroffen, wie mir Mutter mit merkwürdig trauriger Miene an der Eingangstür sagte. Erst eine Stunde zuvor hatte unser alter Postbote das beschädigte Paket gebracht und sich gleich entschuldigt. Er könne nichts dafür, das Paket sei offenbar geöffnet und anschließend nicht wieder ordentlich verpackt worden. «Das war nicht die Deutsche Post, das waren andere», hatte er gesagt und sich schnell wieder verabschiedet.

Mutter entfernte das halb zerrissene Packpapier, auf das Tante Gerdi nicht nur unsere Adresse geschrieben hatte, sondern auch den zwingend erforderlichen Hinweis «Geschenksendung, keine Handelsware», öffnete den Pappkarton und fand darin die üblichen Mengen an Zitronat, Orangeat, süßen Mandeln und bitteren Mandeln, die sie vor sechs Wochen zum Stollenbacken gebraucht hätte, nicht aber die drei Winnetou-Bände. Neben Geschenkpapier-Resten entdeckte sie ein Formular, das sie mir mit ernstem Gesicht weiterreichte. «Aufstellung der von den Zollorganen der Deutschen Demokratischen Republik eingezogenen Gegenstände: 3 Druckererzeugnisse, deren Inhalt gegen den Frieden und die Völkerverständigung gerichtet ist.»

Ich war fassungslos. Hass gegen den SED-Chef Walter Ulbricht stieg in mir auf. Ich verstieg mich in unchristliche Attentatsfantasien und malte mir aus, wie ich den Parteichef zumindest anschreien und persönlich für den Diebstahl meiner Winnetou-Bände verantwortlich machen würde, wenn er wieder bei uns auf dem Weißen Hirsch auftauchte. Schon mehrfach hatte ich Ulbricht in Begleitung seiner Frau Lotte gesehen, wenn er mit seiner schwarzen sowjetischen Limousine zur Preußstraße 10 fuhr. Das von einem Park umgebene Landhaus wurde allgemein «der goldene Käfig» genannt, weil bis zu seinem Tod ein gewisser General Paulus dort gewohnt hatte, stets unter Bewachung. Inzwischen diente es als Regierungsgästehaus, in dem Walter Ulbricht hin und wieder Partei- und Staatschefs wie Leonid Breschnew, Władysław Gomułka oder Nicolae Ceaușescu traf. Aber ob und wann er mal wieder in das Gästehaus kommen würde, war völlig offen. Klar hingegen war, dass mir eine Protestaktion nichts als Ärger einbringen würde. Ich würde von der Schule fliegen und in einem dieser Jugendwerkhöfe landen, von denen man sich furchtbare Sachen erzählte. Und Karl-May-Bücher könnte ich dort erst recht nicht lesen.

Die Adventszeit war für mich gelaufen. Worauf sollte ich mich jetzt noch freuen? Auf ein Weihnachten ohne Winnetou? Am nächsten Tag erzählte ich Stephan von der Katastrophe. Er teilte meinen Hass auf Walter Ulbricht, die Zollorgane und den ganzen sozialistischen Staat, hielt aber eine Protestaktion für zu riskant. Stattdessen schlug er vor, dass wir zur Schmerzlinderung nach Radebeul fahren sollten, um das Indianer-Museum der Karl-May-Stiftung zu besuchen. Dass uns das bisher nicht vergönnt gewesen war, hatte zwei Gründe: Einerseits war Radebeul vom Weißen Hirsch aus weit entfernt und nur mit einer schier endlosen Straßenbahnfahrt zu erreichen. Vor allem aber war das Museum jahrelang geschlossen gewesen und hatte erst seit ein paar Wochen wieder geöffnet.

Am Freitag, dem 5. Dezember, täuschten Stephan und ich Unwohlsein vor und schwänzten die Sportstunde. Halb drei trafen wir uns am Körnerplatz, wo wir die Straßenbahn der Linie 4 bestiegen, deren altmodischer Triebwagen noch aus den 1930er-Jahren stammte und in jeder Kurve so schrill quietschte, dass man sich die Ohren zuhalten musste. «Elbschaukeln» nannten wir diese kantigen Straßenbahnen, deren Fahrer noch nicht einmal einen Sitz hatten, sondern die beiden Kurbeln im Führerstand stehend bedienen mussten. Wir setzten uns auf eine der Holzbänke, und Stephan zog das gerade erschienene *Mosaik*-Heft aus seiner Tasche. Das monatlich erscheinende *Mosaik* kostete 60 Pfennige und war ein Comic, in dem es um die Abenteuer der cleveren Figuren Dig, Dag und Digedag ging. Die Hefte wurden nur unter der Ladentheke gehandelt. Da Stephan die alte Buchhändlerin kannte, hob sie ihm immer ein Exemplar auf. Während der langen Straßenbahnfahrt schauten wir uns nun die Ausgabe «Ankunft in Baton Rouge» an, die im Wilden Westen spielte. Wir waren so in die Geschichte vertieft, dass wir unsere Haltestelle in Radebeul beinahe verpassten.

Von dort waren es nur ein paar Schritte, und wir standen vor einem stattlichen Haus, an dessen Fassade in goldenen Buchstaben der Schriftzug VILLA SHATTERHAND prangte. Hier also hatte Old Shatterhand unter seinem deutschen Namen Karl May gelebt, sich von seinen anstrengenden Abenteuern in den USA erholt und sie zu Papier gebracht. Heute war ein Schulhort darin untergebracht. Wir hörten Pioniere das Lied von der «Kleinen weißen Friedenstaube» singen, als wir in den Garten gingen. Das Indianermuseum der Stiftung befand sich in einem Blockhaus. Es hieß Villa Bärenfett.

Wir kauften uns für jeweils 25 Pfennige plus 5 Pfennige Kulturfonds Eintrittskarten und betraten gleich das Zimmer links neben dem Eingang. Es roch ein wenig muffig hier. Aber welch ein Wunder: An der rechten Stirnwand stand ein gemauerter Kamin, links daneben ein aufgerichteter ausgestopfter Grizzlybär, an den Wänden hingen die Köpfe von Büffeln und Hirschen. Doch was uns am meisten anzog, war die beleuchtete Glasvitrine an der Längsseite: Hier waren sie, die berühmten Gewehre, die Winnetou und Old Shatterhand vor hundert Jahren gegen heimtückische Feinde so gute Dienste geleistet hatten. Obwohl eine Beschriftung fehlte, wussten wir, dass es sich um den Bärentöter und den Henrystutzen handelte und um die Silberbüchse Winnetous. Für Stephan und mich, ja eigentlich für alle Indianer der Polytechnischen Oberschule hatten diese drei Reliquien den Rang von Gottesbeweisen. Wenn diese drei berühmten Gewehre tatsächlich existierten, mussten die damit verbundenen Geschichten auch wahr sein – was immer die Direktorin für Lügen über Old Shatterhand erzählen mochte. Jetzt konnte ich mich wieder auf Weihnachten freuen, auch wenn die Zollorgane im Auftrag von Walter Ulbricht meine drei Winnetou-Bände aus Tante Gerdis Paket gestohlen hatten.

Als ich drei Wochen später an einem Mittwoch in meinem Zimmer aufwachte, war Heiligabend. An den alten

Fenstern hatten sich Eisblumen gebildet, es war eiskalt. Am gestrigen Nachmittag hatte ich nach genauer Anweisung meiner Großmutter den Christbaum geschmückt. Seither war das große Esszimmer im Pfarrhaus für uns Kinder gesperrt. Ich zählte die Stunden, die noch bis zur abendlichen Bescherung vergehen würden. Es waren viele. Und es gab auch noch viel zu tun. Die Erwachsenen und mein Bruder hatten schon gefrühstückt. Mutter war inzwischen mit Vorbereitungen beschäftigt und wurde dabei von beiden Großmüttern unterstützt. Als ich allein mein Brötchen aß, hörte ich, wie Vater in seinem Studierzimmer halblaut seine Weihnachtspredigt memorierte. Er würde sie heute dreimal halten, denn es gab drei Christvespern: um drei, um fünf und um halb sieben. Ich musste sie alle besuchen, da ich mich bereit erklärt hatte, den Verkündigungsengel zu spielen. Dabei ging es weniger ums Spielen als ums Singen. Denn mein Job war es, an jener entscheidenden Stelle des Krippenspiels, an der sich die von vier Mitschülern verkörperten Hirten auf dem Felde vor den himmlischen Heerscharen zu fürchten hatten, die erste Strophe des Liedes «Vom Himmel hoch, da komm ich her» zu singen. Und zwar a cappella, fehlerlos und in der richtigen Höhe.

Zu Heiligabend hatten wir Besuch, was ungewöhnlich war. Es handelte sich um zwei Afrikaner, die aus einem Land kamen, das Tansania hieß. Am 14. Sonntag nach Trinitatis, also Anfang September, waren sie zum ersten Mal in unserer Kirche aufgetaucht, hatten sich auf die letzte Bank gesetzt und die Choräle leise und in einer anderen Sprache mitgesungen. Vater hatte sie freundlich begrüßt, aber festgestellt, dass man nur Englisch mit ihnen sprechen konnte. Von da an kamen sie jeden Sonntag, und

Vater legte ihnen eine englische Bibel auf ihre Bank, jeweils mit einem Zettel, auf dem er die Verse vermerkt hatte, über die er seine Predigt hielt. Sie hatten ganz dunkle Haut, krauses schwarzer Haar und beneidenswert weiße Zähne. Der eine hieß Herr Moshi, der andere Herr Mulamula, beide wohnten hinterm Pfarrhaus in einer Villa, die als Postschule diente. Dort lernten Menschen aus den jungen Nationalstaaten Afrikas, was man als Postbeamter so alles lernen muss. Herr Moshi und Herr Mulamula waren die einzigen dieser afrikanischen Postschüler, die zu uns in die Kirche kamen.

Heute hatten sie an allen drei Christvespern teilgenommen und die meisten Lieder laut mitgesungen in einer Sprache, die Suaheli hieß und sehr fremd klang. Jetzt warteten die beiden in dicken Wintermänteln an der Sakristei auf meinen Vater und mich, um mit uns zum Pfarrhaus zu gehen. Die Eltern hatten sie eingeladen, den Heiligabend mit uns zu feiern.

Als Vater sich umgezogen hatte, konnten wir kurz vor acht den Nachhauseweg antreten. Da fing es erstmals seit einer Woche wieder an zu schneien. Auf den alten Schnee, der an den Straßenrändern grau und schmutzig geworden war, legte sich eine neue, makellos weiße Schicht, die unter den Schuhen knirschte und im Licht der Straßenlaternen so silbern glitzerte wie der künstliche Schnee auf den Märchenbildern im Schaufenster von Betten-Wilhelm. Auf dem Weg zum Pfarrhaus liefen wir vorbei an den Weißer Hirscher Villen, hinter deren Fenstern jetzt überall die erleuchteten Christbäume zu sehen waren.

Zu Hause war das Abendessen fertig. Die Großmütter hatten den Tisch in der Küche ausgezogen und eine lange Tafel mit weißer Tischdecke und Meissener Zwiebelmuster-Geschirr eingedeckt. In drei großen Schüsseln stand der Kartoffelsalat bereit. Mutter brachte die Terrine mit den Wiener Würstchen herein. Die Großeltern saßen schon, gleich darauf kamen auch meine drei älteren Geschwister. Ich zeigte Herrn Moshi und Herrn Mulamula, wo sie sich setzen sollten, nämlich zwischen mich und meinen Bruder Andreas. Schließlich kam Vater, stellte sich an die Stirnseite des Tisches und wartete, bis alle still waren. Er zog einen Zettel aus der Tasche, warf einen kurzen Blick darauf, sah unsere Gäste an und sagte: «Krismasi Njema», worauf sich Herr Moshi und Herr Mulamula verbeugten und diese seltsamen Worte lächelnd wiederholten.

Nach diesem Weihnachtsgruß sprach Vater das erfreulich kurze Tischgebet: «Vater segne diese Speise, uns zur Kraft und dir zum Preise.» Beim Essen erzählte er, dass er dank der Vermittlung von Pfarrer Lehmann, der früher als Missionar in Afrika gewirkt hatte, in der Buchhandlung Bertl Hoffmann ein zweibändiges Wörterbuch *Suaheli–Deutsch* hatte kaufen können.

Kurz vor der Bescherung verschwanden die Eltern im Weihnachtszimmer. Alle anderen harrten vor der Tür aus, bis das Glöckchen erklang. Vater spielte am Klavier «Ihr Kinderlein kommet», und Mutter öffnete die beide Flügel der Tür zum Weihnachtszimmer. Es war vom wunderbaren Glanz des mit echten Kerzen erleuchteten Christbaums erfüllt.

Wie in jedem Jahr musste ich die Weihnachtsgeschichte aus dem Lukasevangelium aufsagen, bevor wir die Geschenke ansehen und auspacken durften. Das geschah immer reihum. Normalerweise durfte ich als Jüngster zuerst an meinen Gabentisch. Diesmal nicht. Mutter führte unsere Gäste zur Anrichte, wo sich ihr Gabentisch befand, mit zwei Kärtchen versehen, auf die Mutter schnörkelig die Namen Sebastian Moshi und Philipp Mulamula gemalt hatte.

Mit ernster Miene und ein wenig schüchtern betrachteten sie die Geschenke und trauten sich nicht, sie anzufassen. Jeder hatte einen bunten Teller mit Nüssen, Spekulatius und den köstlichen Granatsplittern aus Kokosflocken, die Vaters Mutter nur zu Weihnachten und an Geburtstagen buk. Rechts und links der bunten Teller lagen die in golden schimmerndes Weihnachtspapier verpackten eigentlichen Geschenke, die gleich groß waren. Es waren zwei zusammengehörige, in braunes Leder gebundene Bücher.

Herr Moshi hatte Band eins, Herr Mulamula Band zwei des Wörterbuchs *Suaheli – Deutsch, Deutsch – Suaheli* bekommen, herausgegeben 1910 von Carl Velten im «Selbstverlag des Verfassers». Unsere Gäste strahlten und nickten. Dann blätterten sie beflissen im ersten Band, bis sie etwas gefunden hatten. Sie verneigten sich vor Vater und Mutter und sprachen zum ersten Mal Deutsch. «Seien Sie viel bedankt», sagte Herr Moshi. Und Herr Mulamula fügte hinzu: «Eine schöne Bescherung», worauf alle lachten.

Jetzt war ich dran, durfte zu meinem Gabentisch gehen und die Geschenke auspacken. Nach dem Debakel mit Tante Gerdis Paket waren meinen Erwartungen nicht hoch. Vielleicht bekam ich von Tante Ina aus Stuttgart wieder ein Matchbox-Auto, obwohl die Eltern behaupteten, ich sei eigentlich zu alt für Spielzeug. Wenn das Erwachsenwerden mit dem Verzicht auf Spielzeug verbunden war, stellte ich es mir freudlos vor. Immerhin war der bunte Teller üppig wie jedes Jahr, enthielt zwei Apfelsinen und Großmutters Granatsplitter plus eine Tafel Mokka-Sahne-

Schogetten von Trumpf sowie Katzenzungen der Firma Sprengel – Köstlichkeiten, die es nur zu Weihnachten gab.

Ich fand ein längliches Päckchen, das ein weißes Nylonhemd enthielt, und eines mit einem von Mutters Mutter gestrickten blau-weiß gestreiften Wollpullover. Der Pullover hatte ein quaderförmiges Päckchen verdeckt, dessen Inhalt ich nicht erahnen konnte. Ich nahm es in die Hand. Für Süßigkeiten war es zu schwer. Als ich das Papier aufgerissen hatte, stockte mir der Atem: Es war ein Buch, nein, es waren drei Bücher. Auf dem märchenhaft gemalten Titelbild des ersten Bandes sah ich einen Indianer mit langen schwarzen Haaren in weißer Kleidung, der ein Gewehr in der Hand hielt. Mich durchzuckte es. Das war nicht irgendein Indianer. Das war auch nicht irgendein Gewehr.

Das war Winnetou mit jener Silberbüchse, die ich vor drei Wochen leibhaftig in Radebeul bewundert hatte. Ich hielt die Bände Winnetou 1 bis 3 in den Händen und war sprachlos.

Hatten die Eltern die Herausgabe der Bücher von den Zollorganen zurückgefordert? Unvorstellbar. Vater kam zu mir und legte mir die Hand auf die Schulter. «Da hast du Glück gehabt. Beim Kauf der Suaheli-Wörterbücher habe ich dem alten Hoffmann die Geschichte von dem geöffneten Westpaket erzählt und von den gestohlenen Karl-May-Büchern. Da hat er diese drei Winnetou-Bände unterm Ladentisch hervorgezogen.»

Nie habe ich meinen Vater so geliebt wie in diesem Moment. Ich zeigte die drei Bücher, die 1938 im Karl May Verlag Radebeul erschienen waren, meiner Mutter, meinen drei Geschwistern, den Großeltern. Und auch Herrn Moshi und Herrn Mulamula, die freundlich und verständnislos lächelten, weil sie erstaunlicherweise noch nie etwas von Karl May gehört hatten.

Den restlichen Heiligabend und eigentlich die ganze Weihnachtszeit verbrachte ich lesend im Wohnzimmersessel und war in Gedanken weit weg – bei Winnetou, Old Shatterhand, Silberbüchse, Henrystutzen und Bärentöter und den edlen Pferden Iltschi und Hatatitla.

Und wenn ich meine Lektüre kurz unterbrechen musste und in die Gegenwart des Weißen Hirschen zurückkehrte, weil Mutter zum weihnachtlichen Kaffeetrinken und Stollenessen rief, geschah etwas, was ich mir nie hätte vorstellen können: Ich sehnte den ersten Schultag herbei. Ich sehnte ihn herbei, um meinem Indianerstamm und der ganzen 6b der Polytechnischen Oberschule aus erster Hand zu berichten, wie sich die Geschichte von Winnetou und Old Shatterhand tatsächlich zugetragen hatte.

*Friederike von Bülow*

# Mutter kommt zum Essen

Endlich saß sie auf dem Sofa im Wohnzimmer. Sie hatte sich zurückgelehnt und ruhte in einem der sehr großen Kissen. Die winterliche Sonne schien durch das Fenster in ihr Gesicht. Meine Mutter hatte die Augen geschlossen und schien es zu genießen, bei uns zu sein. Sie sah friedlich aus. Es machte den Eindruck, als fühle sie sich wirklich wohl. Es herrschte eine ganz wunderbare Stille. Welcher Genuss am Nachmittag des Heiligen Abends!

Die Zeit während unserer fünfzigminütigen Autofahrt vom Hauptbahnhof in unseren Vorort war weniger still und genussreich gewesen. Sie hatte ohne Unterlass doziert. Ich hatte alle derzeitig vorherrschenden Meinungen und besonders ihre Vorstellungen zur aktuellen Weltpolitik zur Kenntnis nehmen dürfen. Zwischendurch hatte sie ihren Vortrag unterbrochen, um mein Wissen zu testen. Sie liebte es, Fragen zu stellen, die ich selten beantworten konnte. Ich kenne nicht alle Eckdaten der Weltgeschichte und lebe trotzdem heiter, auch ohne das Wissen über die mittelalterlichen Schlachten im Harzvorland.

Im Anschluss an die Weltpolitik widmete sie sich ihrem zweiten Lieblingsthema: Krankheit und die allgemeine Gebrechlichkeit der Menschheit. Wichtig waren hier vor allem die Krankheiten und Befindlichkeiten ihrer zahlreichen Freunde. Sabines Krebs ist zurück, sagte sie, ohne meinerseits einen Kommentar zu erwarten. Daran war Sabine selber schuld, da sie – trotz der wiederholten Ratschläge meiner Mutter – ihren Lebensstil nicht verändert hatte. Britta hatte inzwischen ein neues Knie bekommen und sich einen Krankenhauskeim eingefangen. Dieser Keim, so wusste sie, hatte inzwischen den gesamten Oberschenkelknochen aufgefressen. Meiner Mutter war klar, welcher Arzt die Schuld daran trug. Und Renate hatte sich von ihrem Mann getrennt, vollkommen grundlos, und das in ihrem Alter!

Aber jetzt thronte Mutter auf unserem Sofa, und es herrschte tatsächlich Ruhe. Alles war erledigt. Sie hatte im Gästezimmer ihre Koffer ausgepackt, ihre Kleidung in den geliebten Biedermeierschrank einsortiert, den sie mir vor Jahren vererbt hatte. Ihre Waschutensilien hatte sie großzügig im Gästebadezimmer verteilt. Ich saß ihr gegenüber auf dem Sessel, beobachtete sie und freute mich über sie. Sie schien freundlichen Gedanken nachzugehen.

Ob sie nicht Lust habe, unseren diesjährigen Weihnachtsbaum anzuschauen, fragte ich. «In diesem Jahr steht er im Esszimmer. Geh doch mal rüber! Vom Sofa aus kannst du ihn nicht sehen!»

Über viele Jahrzehnte, eigentlich immer, hatten wir zu Weihnachten eine Nordmanntanne besorgt. Jetzt stand eine wunderschöne Blautanne in unserer Wohnung. Als ich diese Tanne bei unserem Weihnachtsbaumhändler auf dem Land entdeckt hatte, war ich entzückt gewesen. Der Baum hatte eine Höhe von fast vier Metern. Damit passte er fantastisch in unsere Altbauwohnung. Er war kerzengerade, dicht und gut gewachsen. Mir gefielen vor allem seine zwei Spitzen. Der Baum war einfach nicht wie alle anderen. Ich musste ihn haben!

Mein Mann und ich hatten außerdem beschlossen, den Weihnachtsbaum in diesem Jahr ins Esszimmer zu stellen.

Wir wollten mal etwas Neues ausprobieren und fanden den Standort optimal. Zum einen für unser kleines familiäres Essen am Heiligen Abend, zum anderen saßen Jürgen und ich gern morgens mit unseren Laptops arbeitend am Esstisch. Die kommenden Wochen wollten wir das bei einer Weihnachtsbaumbeleuchtung und Weihnachtsduft tun.

«Mami? Hast du mal Lust, ins Esszimmer zu gehen, um dir den Baum anzuschauen?» Ich wiederholte meine Frage lauter und mit mehr Nachdruck. Schließlich war der Baum auch ein bisschen für sie gedacht. Ich hatte ihn fertig geschmückt und erwartete ihre Bewunderung. Sie liebte Blautannen zu Weihnachten. Das Schmücken war kein besonderes Vergnügen gewesen. Ich hatte vergessen, wie tief Tannennadeln sich in einen Körper bohren können. Das Schmücken glich einem zweistündigen Stichkampf. Und einer zweistündigen Impulskontrolle. Drei goldfarbene Christbaumkugeln aus Mutters alten Beständen flogen in einem Anfall purer Verzweiflung durchs Esszimmer. Sie überlebten es nicht.

Der Baum und ich hatten unsere Feindseligkeiten erst beendet, als die mattglänzenden roten Kugeln mit dem Hamburger Wappen, die neuen hochglänzenden roten Kugeln, die roten Sterne und die letzten goldenen Kugeln – allerletzte Restbestände aus Mutters alten Kartons – platziert waren. Die Kerzen hatte ich erstmalig durch mehrere LED-Lichterketten ersetzt, natürlich warmweiß. Ich schloss die Lichterketten an den Strom an und war beeindruckt von meinem Werk. Und von dem herrlichen Duft. Genau so musste Weihnachten sein. Jetzt fehlten nur noch Jürgen und unsere Tochter. Beide wollten am späten Nachmittag nach Hause kommen. Ein wunderbares warmes Gefühl der Vorfreude grummelte in meinem Oberbauch.

Meine Mutter arbeitete sich aus dem großen Kissen heraus und erhob sich geräuschvoll vom Sofa, schlurfte durch das Wohnzimmer rüber ins Esszimmer und blieb stehen. Wir schauten beide auf mein wunderschönes Weihnachtswerk.

«Ist das der Baum?», fragte sie.

«Ja, Mami. Das ist unser diesjähriger Weihnachtsbaum!», sagte ich stolz. Die Augen meiner Mutter füllten sich dramatisch mit Tränen. Wortlos machte sie kehrt, schlurfte zurück ins Wohnzimmer und ließ sich schluchzend auf das Sofa gleiten.

«Mami?», fragte ich. Sie schluchzte tief und beeindruckend. Ich versuchte, ruhig zu atmen.

«Mami?»

Sie schaute aus dem Fenster und murmelte, dass sie so etwas noch nie erlebt habe. Einen Weihnachtsbaum ohne Kerzen. Und ohne die goldenen Kugeln. Wir hätten ihre schönen, alten Kugeln vernichtet. Keiner aus dieser Familie nehme Rücksicht auf sie, obwohl sie extra den langen Weg von München nach Hamburg auf sich genommen habe. Sie schnäuzte kraftvoll in ein weißes Stofftaschentuch.

Mein Telefon klingelte. Sie schaute mich an und schnäuzte ein weiteres Mal.

«Geh ruhig telefonieren, Kind.» Ihr Kinn vibrierte. «Lass mich nur allein. Ich komme schon zurecht!» Mit weit ausholender Bewegung führte sie ihren Handrücken an ihre Stirn und schluchzte noch einmal tief auf.

Während ich mein Handy aus der Hosentasche fummelte, fiel mein Blick auf die Orchidee, die ich von einer

Freundin geschenkt bekommen hatte. Dass ich Orchideen nicht mochte, war der Freundin entfallen. Unter dieser Orchidee saß nun meine Mutter, und das schien beiden nicht gut zu bekommen. Beide hatten eine welke Haltung angenommen.

Ich schaute aufs Handy. Was für ein Glück! Unsere Tochter. «Das ist großartig, dass du anrufst, Sarah!», trällerte ich ins Telefon. «Dann kannst du gleich mal mit deiner Großmutter über unseren Weihnachtsabend sprechen. Sie ist gerade angekommen. Ich gebe sie dir!»

Ohne auf eine Antwort zu warten, reichte ich Mutter das Telefon und eilte in die Küche.

Da fühlte ich mich sicher. Zwischen all den Töpfen und dem italienischen Herd konnte ich mich entspannen. Hier herrschte ich. Hier hatten Probleme keinen Platz und keine Daseinsberechtigung. Die Gans lag nackt und rosa auf dem großen braunen Holzbrett. Der Vogel wog stolze neun Kilo. Er habe da noch ein ziemlich fettes Teil, hatte der Betreiber des Biohofes mitgeteilt. Neun Kilo fand ich beeindruckend, aber in Ordnung. Ich wollte noch unsere traditionelle Rinderhackfüllung zubereiten und sie der Gans in den Leib stopfen. Das machte dann zusammen zwölf Kilo Weihnachtsbraten. Dann hatten wir noch die Kartoffeln. Und Rotkohl. Ein üppiges, klassisches Essen mit einer großartig geschmückten Blautanne – perfekt für unsere kleine Familie. Um die Tischdekoration wollte Sarah sich kümmern. Alles wird gut, dachte ich.

Vom Telefonat im Wohnzimmer bekam ich nichts mit. Vermutlich dozierte Mutter, und Sarah musste zuhören. Wollte man ein friedliches Telefonat führen, durfte man Mutter nicht unterbrechen. Gesetz war auch, dass nur sie das Gespräch beenden durfte.

Ich wusch mir die Hände und begann mit der Vorbereitung für die Füllung. Zusammen mit alten weichen Brötchen und mehreren Eiern kippte ich das Hack in eine große Metallschüssel, vergrub meine Hände in der Masse und begann zu kneten. Ich presste die kalte Fleischmasse zwischen den Fingern hindurch und versuchte, die Zutaten schnellstmöglich zu einer homogenen Masse zu vermischen. Das schmatzende Geräusch entspannte mich.

Plötzlich ein Aufschrei meiner Mutter. Ich rannte ins Wohnzimmer. Sie hing schräg und leichenblass auf dem Sofa. Sie hielt mir das Telefon hin und stammelte irgendetwas, das ich nicht verstand. Ich nahm an, ich sollte das Telefon übernehmen, ergriff es mit meinen fettigen, mit Hack verschmierten Händen und versuchte, es mir ans Ohr zu drücken, ohne dass es mir aus den Fingern glitschte. Sarah sprach offenbar noch immer. Ich unterbrach ihren Redefluss. «Was hast du eben deiner Großmutter erzählt?»

Meiner Mutter hingen ihre lockigen, schlohweißen Haare in die Augen. Ihre rote Bluse hatte jedwede Fassung verloren. Es war ein erschreckendes Szenario.

Sarah war aufgeregt. «Ich komme nachher mit meinem neuen Freund, und ich möchte nur, dass wir heute Abend alle zusammen friedlich feiern!»

Seit der Pubertät war Sarah immer wieder mit neuen Freunden angekommen, immer sehr verliebt und voller Glück. Keine Liaison hatte länger als ein Jahr gehalten. Insofern war ich wenig überrascht. Neu war ihre Bitte um ein friedliches Weihnachtsfest.

«Was ist denn aus Lennart geworden?», fragte ich.

Der sei weg, antwortete sie genervt. Ich fragte leise, warum sich die Großmutter so maßlos echauffiert habe.

«Och», murmelte Sarah, «das frag sie mal selbst. Ich muss los. Wir sind in ungefähr einer Stunde da!»

Sarah hatte aufgelegt. Für weitere Anmerkungen gab sie mir keine Gelegenheit. Gut, dachte ich, wenn wir noch einen Esser mehr haben, lohnt sich die fette Bio-Gans.

Die Sonne hatte sich derweil auf ihren Untergang vorbereitet. Es wurde dämmrig. Ich schaltete die kleine Lampe neben dem Sofa ein. Plötzlich kam wieder Leben in die alte Dame. Sie rutschte auf dem Sofa hin und her und brachte sich wieder in Position. Fast in der Senkrechten angekommen, fragte sie in vorwurfsvollem Ton, ob ich davon gewusst hätte, dass wir den Abend mit diesem komischen neuen Freund verbringen müssten. Ihre Augen füllten sich wieder mit Tränen. Sie richtete sich endgültig auf, strich sich die Haare aus der Stirn und zerrte die Bluse wieder zurecht.

«Das wusste ich nicht!», beteuerte ich. «Und warum ist der komisch?»

Sie schluchzte laut auf. «Das glaube ich dir nicht! Nie und nimmer weißt du nicht, was das für einer ist. Du lügst doch! Du wirst schon sehen!» Sie grabbelte sinnlos in ihrer Handtasche herum, ergriff sie dann in Gänze, stand auf und verschwand von der Bildfläche. Ich hörte noch, wie sie die Tür des Gästezimmers zuknallte. Dann war Stille.

Zurück in der Küche, widmete ich mich der Gans. Das Rauschen in meinem Kopf ignorierte ich. Ich begann, die geknetete Fleischmasse irgendwie in den Gänseleib zu stopfen. Eine halbe Stunde später waren die Gans im Ofen und die Kartoffeln geschält. Der Rotkohl kam sowieso aus dem Glas und musste bloß aufgewärmt werden. Schnell deckte ich noch einen Teller, Besteck und Gläser für Sarahs neuen Freund. Ich war fertig, als ich hörte, wie jemand die Tür aufschloss.

«Hallo, Mum», rief Sarah fröhlich. «Wir sind daahaaa! Wir haben auch Dad mitgebracht!»

Neugierig ging ich in den Flur. Jürgen kam lächelnd auf mich zu, nahm mich in den Arm und raunte mir ins Ohr, dass er mich großartig finde und dass alles gut werde. Dann trat er zurück. Ich hatte freien Blick auf den neuen Mann an der Seite meiner Tochter. Ich schaute in zwei blaue Augen, die mich herzlich anlachten.

Ich streckte ihm die Hand entgegen. «Hallo! Ich bin die Mutter von Sarah!» Sein Händedruck war herzlich. Die langen blonden Haare waren zu einem Zopf gebunden. Sein Alter konnte ich nicht einschätzen. Auf jeden Fall sah er älter aus. Deutlich älter als alle bisherigen Freunde von Sarah.

«Meinamhaidar», sagte der Mann.

Ich hatte nichts verstanden und schaute fragend. Er zupfte an Sarahs Ärmel. Sarah lächelte. «Das ist Haidar. Er ist aus Syrien geflüchtet. Und er ist sehr schüchtern und spricht nur wenig Deutsch. Und, ja, bevor du fragst: Er ist 45.»

«Ach so», stammelte ich. «Dann gehe ich mal in die Küche und bereite das Essen weiter vor. Ihr kommt sicher klar.» Auf dem Weg ergänzte ich noch: «Und wenn du deine Großmutter sehen willst, musst du ins Gästezimmer gehen. Aber ich befürchte, dass sie dich wieder rausschmeißen wird.»

Ich eilte über den Flur, um keine Rückfragen beantworten zu müssen. Glücklicherweise hatte ich noch genug mit dem Essen zu tun und genügend Gründe, mich zu verschanzen. Ich versuchte, meine Gefühle und Gedanken zu sortieren. Die Gans schwitzte im Ofen und gab zischende Kommentare.

«Irgendetwas ist hier nicht gut», dachte ich. Zuerst das Benehmen meiner Mutter. Sie hockte im Gästezimmer und würde es vielleicht den ganzen Abend nicht verlassen. Sie sprach nicht mit mir. Der Freund meiner Tochter sprach mit mir, doch ich verstand ihn nicht. Und er war fast so alt wie ich. Und Jürgen? Er hatte Sarah immer beschützt und versucht, ihr die Schlechtigkeiten der Welt zu ersparen. Und es störte ihn nicht, dass seine Tochter mit einem Mann in unseren Weihnachtsabend tappte, der doppelt so alt war wie sie? Ich war verwirrt und überfordert. Mein Vater hätte mich, wäre ich mit so einem alten Typen angekommen, sofort vor die Tür gesetzt.

Ich hantierte lautstark mit den Töpfen, mit Kartoffeln und Rotkohl und übergoss die Gans im Ofen mit Bier. Es dampfte von überall. Der Duft war köstlich, aber Sauerstoff schien es in der Küche nicht mehr zu geben. Ich öffnete ein Fenster und die Küchentür einen kleinen Spalt weit. Stimmen kamen aus dem Wohnzimmer. Es waren die Stimmen von Jürgen und Haidar. In welcher Sprache unterhielten sie sich? Und wo war Sarah? Und wie würden wir den Heiligen Abend verbringen, mit einem syrischen Mann Mitte vierzig und meiner Mutter, die zu ausschweifenden Vorträgen neigte und andere mit ungefragten Ratschlägen drangsalierte. Hätte sie sich hier mal zur Abwechslung offen zeigen können? Nein, das war der Grande Madame aus München nicht möglich. Schon gar nicht unter einer falsch geschmückten Blautanne.

Der Duft der Gans erfüllte inzwischen die Wohnung. Ich hörte ein leises Klopfen an der Küchentür. Wer will stören? Mit Schwung öffnete ich die Tür und haute sie

Haidar versehentlich an die Stirn. Ich entschuldigte mich gleich wortreich. Haidar antwortete gestenreich. Er gab mit einem strahlenden Lächeln zu verstehen, dass alles nicht so schlimm sei. Genießerisch sog er den Bratenduft ein. Er holte sein Handy aus der Hosentasche, tippte etwas ein und hielt es mir hin. Ich las: «Es duftet in Ihrer Küche ganz wunderbar!» Dann las er den Satz langsam vor. Er schien sehr stolz.

Das Eis war gebrochen. Er zeigte mir die Übersetzer-App und deutete auf mein Handy. Nach wenigen Minuten war auch bei mir die App eingerichtet, und ich konnte all meine Fragen loswerden. Ich erfuhr, dass er seine kranke Mutter mit nach Deutschland gebracht hatte. Und einen kranken Bruder. Beide wolle er pflegen, bis sie wieder gesund seien, teilte er mit. Ich war beeindruckt. Er sei Architekt, berichtete er noch.

«Aber in Deutschland nicht als das arbeiten», sagte er, ohne die App zu nutzen.

«Was wollen Sie denn arbeiten?», fragte ich langsam und deutlich. Er schaute auf den Herd, in den Ofen und sagte voller Enthusiasmus: «Ich machen ein Ausbildung als Falafel!»

Ich starrte ihn an. Er starrte erwartungsvoll zurück. Ein paar Sekunden konnte ich mich noch zurückhalten, dann half alles nichts. Ich brach vor Lachen zusammen. Er lachte herzlich mit und wusste nur nicht, warum.

Sarah betrat die Küche und freute sich, uns so lachend zu sehen. Ich umarmte sie und sagte ihr, was für einen grandiosen Mann sie sich da geangelt habe.

«Was ist denn passiert?»

«Haidar hat mir berichtet, was er in Deutschland machen möchte», erklärte ich.

«Dass er Koch werden will? Reicht dir das nicht?»

«Doch, Schatz. Es ist mir egal, was er macht. Nur hat er gesagt, dass er eine Ausbildung als Falafel machen möchte!»

Sarah lachte mit uns, und die gute Stimmung war gerettet. Jürgen kam dazu und tranchierte die Gans. Dann stellten wir alles auf den Tisch, setzten uns, Jürgen öffnete den Rotwein und goss allen ein. Nur ein Glas blieb leer. Wir prosteten uns zu und wünschten einander schöne Weihnachten.

Wir wollten mit dem Essen beginnen, als Haidar sich sehr laut räusperte. Wir schauten ihn an. «Wo Oma?», fragte er in die Runde.

«Äh», entfuhr es mir. «Hast du mal zwischendurch nach ihr geschaut?», fragte ich Sarah. Sie verneinte.

«Dann werde ich nachsehen.» Ich stand auf und ging zu ihrem Zimmer. Ich klopfte.

«Jahaaa?», wimmerte es. «Wer ist denn da?»

«Ich bin es!», rief ich durch die Tür.

«Wer ist denn Ich?», fragte sie. Ich öffnete die Tür und trat ein.

«Ich bin deine Tochter und wollte dir mitteilen, dass das Essen fertig ist. Heute ist nämlich Heiligabend.»

Mutter lag auf dem Bett, lang gestreckt auf dem Rücken. Ihr Kopf lag leicht erhöht auf einem dicken Kissen.

«Der Rotwein ist auch schon eingeschenkt», sagte ich. «Wir wollen mit dir anstoßen!»

Sie schaute starr an die Zimmerdecke und würdigte mich keines Blickes. Irgendeinen Gegenstand hielt sie mit gefalteten Händen über der Brust.

«Nein, mein Kind. Ich werde nicht zu euch kommen und mit euch essen. Mir geht es sehr, sehr schlecht. Ich liege hier mit dem heiligen Antonius auf meiner Brust und werde gleich sterben.» Sie holte tief Luft und wimmerte.

Ich wartete. Sie atmete schwer. Jeder Atemzug wurde von einem lauten, ungesunden Rasseln begleitet.

«Aber sollte mir das nicht gelingen», brachte sie hervor.

«Ja?»

Aus dem Esszimmer drang Gelächter zu uns herüber. Und der Duft aus der Küche. Und der war wirklich ganz wunderbar.

«Sollte mir das nicht gelingen, komme ich zum Essen!»

*Frederik Jötten*

# Die heiligen Schlachtenbummler

Weihnachten eskalierte bei uns endgültig, als wir die Christmette für uns entdeckten. Eigentlich hatte diese Messe die Lage im Mietshaus, in das meine Eltern frisch eingezogen waren, entspannen sollen, insbesondere das Verhältnis zu Frau Schwenke. Das war die Nachbarin unter ihnen. Meine Eltern waren noch nicht lange im Ruhestand und wollten nun das erste Weihnachtsfest in der kleinen Mietwohnung verbringen – mit uns, den drei erwachsenen Söhnen.

Heute bin ich mir nicht mehr so sicher, ob meine Eltern das wirklich wollten oder ob sie es lieber vermieden hätten. Einen Tag zuvor hatte ein Bekannter uns in einer Kneipe noch reihum auf die Schulter gehauen: «Mensch, ihr seid die Heiligen Drei Könige! Aber ihr bringt nicht Gold, Weihrauch, Myrrhe, ihr nehmt Bier, Schnaps und Gin Tonic!» Es war die Zeit, als mein älterer Bruder mal in einer Ausnüchterungszelle aufwachte und ich beim Pogo-Tanzen so stürzte, dass mir der Hinterkopf genäht werden musste.

Frau Schwenke wusste nichts von unserem Lebenswandel. Für sie war schon die Anwesenheit von zusätzlichen Menschen in dem Drei-Parteien-Haus eine Zumutung. Denn dann war die Mülltonne voller. Frau Schwenke lebte in ständiger Angst, dass der Vermieter eine zusätzliche Tonne bei den Stadtwerken ordern würde, deren Kosten auf das gesamte Haus umgelegt würden. Um das zu verhindern, räumte sie schon bei normaler Hausbelegung Restmüll aus der grauen Tonne in die leerere Biotonne. Sie grub sich durch Obstschalen und Gemüsereste, um den Restmüll darunter zu verstecken und bei der Müllabfuhr nicht aufzufallen. Jetzt kamen also wir, die Dreifaltigkeit des Müllproblems – zusätzlich mit der Eigenart, ziemlich laut zu sein.

In unserer Familie galt: Je lauter ein Argument oder eine Anekdote vorgetragen wurde, desto richtiger und wichtiger. Und je später der Abend, desto mehr steigerte sich die Lautstärke. Frau Schwenke ging schon ins Bett, bevor wir uns auch nur ansatzweise warm krakeelt hatten, nämlich gegen 21 Uhr. Um Strom fürs Licht und Heizkosten zu sparen, vermutete meine Mutter.

Und da kam die Christmette ins Spiel. Wir mussten zwanzig Kilometer in eine Abtei fahren. Der Gottesdienst sollte um 22 Uhr beginnen. Frau Schwenke würde also kaum in ihrem Schlummern gestört. Das war die Idee meiner Mutter. Ein paar Dinge hatte sie dabei nicht bedacht: Erstens war vorher genügend Zeit zum Vorglühen. Zweitens zu wenig Zeit, um schon bis zur Bescherung zu kommen. Damit waren wir immer schon später dran gewesen als andere Familien.

Und so kam es, dass weder der Baum fertig geschmückt noch die Geschenke verpackt waren, als wir uns auf den Weg machten. Um zwanzig vor zehn, ziemlich knapp für die Kirche, hetzten wir zu fünft ins Treppenhaus und liefen gegen eine Wand aus fauligem Gestank. «Boah, was ist das denn?», schrie ich.

«Die Schwenke sammelt immer das Wasser aus der Waschmaschine und putzt damit das Treppenhaus», flüsterte meine Mutter. «Das wird mit der Zeit immer fauliger.» – «Sie will uns wegstinken!», vermutete ich.

Während der Fahrt bekämpften wir den unangenehmen Geruch von innen. Dafür hatten wir ausreichend Vorrat eingepackt. «Da schwingen sie schon wieder die Bierflaschen», seufzte meine Mutter. Sie war keine Abstinenzlerin, aber als gläubige Katholikin nahm sie die Messe ernst. Als Kinder hatten wir mitgemusst in den Gottesdienst. Doch seit geraumer Zeit lag es uns fern, am Sonntagmorgen dafür aufzustehen. Nur Weihnachten begleiteten wir meine Mutter aus Sentimentalität, Tradition oder auch weil ein Rest Gläubigkeit übrig geblieben war.

Mein Vater – er trank tatsächlich keinen Alkohol – fuhr, meine Mutter erzählte eine Geschichte über das Kloster, das wir ansteuerten. Angeblich hatte der Abt ein Verhältnis mit einer verheirateten Frau der Gemeinde gehabt. Deren Mann hatte ein paar finstere Gestalten angeheuert. «Die hann de Abt verkloppt», sagt meine Mutter trocken. Gelächter und klirrende Bierflaschen im Fond. «Auf die Finsterlinge!»

Wir kamen zu spät, wie eigentlich immer. Die Kirchentür quietschte, als wir sie öffneten. Sie lag leicht erhöht. Nach dem Eintreten musste man ein paar Treppenstufen nach unten gehen. So hatte man beim Eintreten gute Sicht. Für Heiligabend war es erstaunlich leer. Dabei war die Kirche festlich herausgeputzt: Riesige Tannen mit Lichterketten umrahmten die Seiten des Hauptschiffs, überall brannten Kerzen, eine Krippe mit kleinkindgroßen Figuren stand dem Eingang gegenüber. Es roch nach Tannen und Wachs. Die Mönche sangen gerade. Wir schlichen zu einer leeren Bank und setzten uns.

Mein Vater sah selten eine Kirche von innen. Um vor meiner Mutter gut dazustehen, setzte er wenigstens zu Ostern und Weihnachten ein Gesicht auf, das extra feierlich wirken sollte: zusammengekniffener Mund, ernste Miene, bedeutungsvolles Nicken. Als ich zu ihm rüberblickte, bemerkte ich allerdings, dass er zwei verschiedenfarbige Strümpfe anhatte. Ich zeigte es meinen Brüdern. Wir bemühten uns, das Lachen zu unterdrücken, aber wir hatten leicht einen sitzen, sodass einer wieder anfing, leise zu kichern – und dann stimmten wieder alle mit ein.

Mein Vater warf uns vernichtende Blicke zu und verbarg seine Füße unter der Bank, damit meine Mutter den Fauxpas nicht bemerkte. Aber meine Mutter war abgelenkt, weil sie versuchte, im Gesangsbuch den lateinischen Gesängen zu folgen. Eigentlich sollten die Choräle immer abwechselnd von den Gläubigen und den Mönchen gesungen werden, aber aus dem Kirchenschiff kam höchstens ein Murmeln. Anscheinend kannten die meisten Kirchgänger diese Lieder nicht. Auch uns, die wir mit der katholischen Messe seit Kindheitstagen vertraut waren, kamen sie neu vor – und wenn sogar meine Mutter kämpfen musste, um mitzukommen, was war hier los? Ich stupste sie mit dem Ellbogen an. «Das sind wohl die Vigilien», hauchte sie. Ich hatte keine Ahnung, was das sein sollte. Und meine Mutter sah aus, als ob es sich um nichts Gutes handelte; wahrscheinlich ahnte sie, wie lange dieses Vorspiel zur eigentlichen Messe dauern würde.

Wir fühlten uns komplett nüchtern, als nach einer Stunde lateinischer Gesänge die Messe losging – und erfahrene Kirchgänger wissen, dass der Gottesdienst an Weihnachten eh schon länger dauert als normal. «Verdammt, das geht jetzt erst los – wir hätten doch was zu trinken mitnehmen sollen», murmelte mein älterer Bruder. Erst jetzt füllte sich die Kirche mit Profis, die Bescheid wussten.

Immerhin trat nun der Abt nach vorne, ein feister

Typ, dessen salbungsvolles Gerede von Frieden und Mitmenschlichkeit kurios wirkte angesichts der Geschichte, die meine Mutter im Auto erzählt hatte. Und hatte er nicht ein Veilchen? Die Messe war also, wenn auch nicht gerade lustig, so doch einigermaßen interessant – bis zum Evangelium. Denn das wurde in dieser Abtei gesungen, und zwar solo, nur war der Vortragende nicht nach Eignung ausgewählt worden. «In jenen Tagen erließ Kaiser Augustus den Befehl», quietschte er – und am Ende kippte seine Stimme komplett weg. Er krächzte die Weihnachtsgeschichte wie ein heiserer Rabe. Da prusteten wir dann doch wieder los. Diesmal strafende Blicke von unserer Mutter, mein Vater dagegen – mit der katholischen Liturgie als Protestant ohnehin nicht vertraut – boykottierte mittlerweile das periodische Niederknien und sprach von den Gebeten nur das Amen mit – in zunehmend erboster Stimmlage, die verriet, dass er dachte: «Wann ist das hier *endlich* vorbei?»

Ich sah an seinem Gesicht, dass er das baldige Ende der Messe gerne in die Fürbitten aufgenommen hätte. Doch als die dran waren, ging es vor allem um den weihnachtlichen Frieden, den ein Mönch für uns erbat. «Herr, erhöre uns», antworteten wir im Kirchenschiff. Meine Mutter klang besonders flehentlich, wohl weil sie die spätere Eskalation mit Frau Schwenke ahnte. Nach zwei Stunden ertönte endlich das erlösende «Gehet hin in Frieden». Der Abt zog mit seiner Bischofsmütze, gefolgt von Mönchen und Messdienern, durch den Mittelgang und schnippte mit einer lässigen Handbewegung seinen Segen in die Menge. Das hatte Stil, ein bisschen fühlten wir uns wie in *Der Name der Rose*.

Es war kurz nach Mitternacht, und die Bescherung

stand noch aus. Im Auto tranken wir das restliche Bier und schmetterten «Oh du Fröhliche» auf der Rückbank. Meine Mutter war etwas besänftigt. «Gute Stimmen habt ihr ja», sagte sie. «Wir könnten euch im Kirchenchor gebrauchen.» Da sangen wir gleich noch eine Spur lauter. Als wir wieder beim elterlichen Wohnhaus ankamen, waren wir in jeder Beziehung gut in Fahrt. Meine Mutter wirkte jetzt angespannt, denn es war offensichtlich, dass der Besuch der Christmette das Lärmproblem mit Frau Schwenke nur zeitlich nach hinten verschoben hatte. Wir waren Weihnachtsschlachtenbummler auf dem Weg zum alles entscheidenden Spiel. Es schallte durch die menschenleere Straße, als wir lachend und mit klirrenden Bierflaschen in den Jackentaschen aus dem Auto stiegen.

«Seid bloß leise drinnen!», raunte meine Mutter, als sie die Haustür aufschloss. «Und lasst das Licht aus!»

Frau Schwenke war so sparsam, dass sie grundsätzlich kein Licht im Flur anmachte. Stattdessen tastete sie sich mit einer Taschenlampe durchs dunkle Treppenhaus. Weil ihre Eingangstür verglast war, war jede Betätigung des Lichtschalters eine Provokation. Mein Bruder hatte von der Instruktion meiner Mutter nichts mitbekommen und schaltete das Licht an. «Verdammt noch mal, schnell hoch», wisperte meine Mutter. Die enge Treppe knarrte laut. Wir waren eine Karawane, die zu langsam vorankam. Meine Mutter war schon oben angekommen, aber mein älterer Bruder und ich standen vor Frau Schwenkes Tür – als diese sich öffnete. Wir erstarrten. Vor uns stand im Bademantel eine ältere Dame mit finsterem Blick. «Können Sie sich keine Taschenlampe leisten?», herrschte sie uns an. «Und was machen Sie überhaupt um diese Zeit?»

«Wir bringen aus der Christmette jede Menge Segen

mit», schmetterte mein älterer Bruder mit seinem mächtigen Organ. «Frohe Weihnachten, Frau Schwenke!»

«Frohe Weihnachten», stimmten wir ein. Vor so viel Charme kapitulierte sie. Vielleicht war es auch die schiere Übermacht. «Frohe Weihnachten», knurrte sie und warf die Tür zu.

In der Wohnung tarierte mein Vater die Kugeln am Baum aus, wir packten Geschenke ein. Das bedeutete, dass ständig jemand rief: «Wo ist das Tesa?» Und: «Gibt es eigentlich Etiketten?» Zusätzlich knarrte der alte Dielenboden bei jedem Schritt. Als wir endlich fertig waren für die Bescherung, war es halb drei in der Nacht. Nun war es bei uns Brauch, dass wir noch Weihnachtslieder sangen, bevor es die Geschenke gab. Als Kinder hätten wir jederzeit auf dieses Vorspiel verzichtet, aber nachdem als Geschenke ohnehin nur noch schrecklich riechendes Duschgel aus der Drogerie und modisch fragwürdige Kleidungsstücke warteten, sah ich das Singen vor dem Baum als eigentliches Highlight des Heiligen Abends.

«Das können wir wirklich nicht machen, um diese Zeit», sagte meine Mutter.

«Dann singe ich alleine», rief ich. Das wollte auch niemand. Meine Mutter suchte die Liederbücher heraus. Ich schaute aus dem Fenster. Draußen war kein Mensch mehr zu sehen. Lichterketten leuchteten in den Bäumen, außer vor dem Haus, in dem meine Eltern wohnten, wegen Frau Schwenke und der Nebenkosten. Aber wir hatten die Lampen an, wie man in meiner Heimat sagt, also glühende Gesichter.

*Stille Nacht* schien passend, zumindest bis zu dem Moment, an dem wir das Lied schmetterten. Ich hatte mir vorgestellt, Frau Schwenke könnte unseren Gesang schätzen. Aber als wir *Als ich bei meinen Schafen wacht* anstimmten, war da ein Beat zu hören, den ich zunächst nicht zuordnen konnte. Bei einer leisen Stelle im Lied wurde klar: Das war Frau Schwenke. Sie pochte mit dem Besenstiel gegen die Decke. Meine Mutter schaute irritiert um sich, aber bevor sie erkannt hatte, woher das Geräusch kam, stimmte ich ein prophetisches *Morgen, Kinder, wird's was geben* an.

Das Klopfen wurde penetranter. In der nächsten Liedpause bemerkte es meine Mutter. «Das hat die Schwenke noch nie gemacht», sagte sie besorgt. «Wir müssen aufhören!»

Wir murrten wie Partygäste, denen die Polizei den Stecker gezogen hatte, und fügten uns in die unausweichliche Bescherung – bis uns auffiel, dass kein Bier mehr in der Wohnung war. So konnte der Heilige Abend unmöglich zu Ende gehen! Und auch wenn die Aufgabe schwer zu bewältigen schien: Jemand musste an Frau Schwenke vorbei in den Keller.

«Ihr habt wirklich genug getrunken!» Meine Mutter weigerte sich, obwohl ich ihr klarzumachen versuchte, dass irgendwann im Leben die Zeit gekommen war, in der Eltern ihren Kindern Bier holen könnten. Außerdem hätte sie bei einer etwaigen Begegnung mit Frau Schwenke am ehesten einen mildernden Einfluss. Schließlich erklärte ich mich bereit. Meine Mutter drückte mir eine Schachtel Pralinen in die Hand, die ich – «leise und ohne Licht zu machen!» – vor Frau Schwenkes Tür ablegen sollte.

Mit Mutters Taschenlampe in der Hand schlich ich die Treppe herunter. Ich war so aufgeregt, dass ich mich wieder nüchtern fühlte. Natürlich war bei Frau Schwenke kein Licht, aber das hieß nichts. Vielleicht lauerte sie hinter der Tür. Ich überlegte, ob sie mich hinterrücks erdolchen würde, um damit das Müll- und das Lärmproblem zugleich zu lösen. Dann beruhigte ich mich damit, dass ihr sowohl die Abnutzung ihres Messers als auch das Blut im Hausflur und vor allem die Entsorgung einer Leiche (Biomülltonne bis oben hin voll!) viel zu teuer wären. Ich legte die Pralinen auf die Fußmatte. Nichts regte sich.

Nun folgte ich dem eigentlichen Ziel. An den Gestank im Treppenhaus war ich mittlerweile gewöhnt, doch er wurde umso unausstehlicher, je weiter ich mich dem Keller näherte. Als ich unten angekommen war, touchierte der Strahl der Taschenlampe ein paar randvolle Eimer – hier hortete Frau Schwenke also ihr stinkendes Brackwasser. Ich hetzte daran vorbei in den Keller meiner Eltern, lud mir den Arm voll mit Bierflaschen, hielt die Luft an und hechtete die Treppe nach oben. Im Erdgeschoss verlangsamte ich meine Schritte, um die Lautstärke zu reduzieren. Als ich bei Frau Schwenke an der Tür vorbeikam, waren die Pralinen verschwunden.

Meine Mutter und mein älterer Bruder waren derweil schon eingeschlafen, die Bescherung wurde auf den nächsten Tag verschoben. So kam es, dass der Abend leise und ohne weiteres Besenstiel-Stakkato zu Ende ging. Die Weihnachtsmette wurde von da an zur Tradition – nur ohne die Vigilien. Und Frau Schwenke schien durch die Pralinen tatsächlich besänftigt worden zu sein, denn nach Weihnachten gab sie meiner Mutter noch den Tipp, dass die Schokoweihnachtsmänner jetzt unschlagbar billig im lokalen Einkaufszentrum zu haben seien. Weihnachten verbrachte sie von jenem Jahr an immer bei Verwandten. Und wir konnten fortan so spät und so laut feiern, wie es sich für die Heilige Nacht gehört.

*Julia Hackober*

# Im Sessellift

Plötzlich gab es einen Ruck, das gleichmäßige Rattern des Sessellifts stoppte, der Sitz schaukelte beängstigend hin und her. Ich schloss die Augen und atmete tief durch. So gern ich auch Ski fuhr, so ungern saß ich hilflos in luftiger Höhe. Miriam wusste das genau, und trotzdem schlug sie mit ihren Skistöcken gegen die Sitzhalterung, wackelte auf ihrem Sitz herum und rief melodramatisch: «Hilfe, hoffentlich kommen gleich die Bergretter! So sexy Typen wie aus dieser Serie, die du immer guckst!»

Ich blickte sie ärgerlich an, musste dann aber doch lachen. Miriam hatte nie Angst. Wir hatten uns als Kinder im Skikurs in der Schweiz kennengelernt, weil unsere Familien jahrelang in den gleichen Ferienort fuhren. Doch während Miriam sich bedenkenlos jeden Hang hinunterstürzte und jedes Kinderskirennen gewann, gelang es mir nie, mich nur auf mich zu konzentrieren. Ich wollte immer das komplette Geschehen auf der Piste im Blick haben, war immer in Sorge, dass mir jemand den Weg abschneiden oder dass ich selbst ein Hindernis sein könnte. Mir versicherten die Skilehrer, dass ich «eine gute Technik» hätte, ich müsste mich nur mehr trauen; Miriam hingegen war in ihrer Furchtlosigkeit der erklärte Liebling in jedem Kurs. Inzwischen waren wir über 30, und wenn ich mich auch längst damit abgefunden hatte, dass meine größten Talente sich eben nicht auf der Skipiste geltend machten, so blickte ich insgeheim doch manchmal ein wenig neidvoll auf Miriams schwungvolle Kurven.

«Ich hab einfach keine Lust, hier festzuhängen», sagte ich. «Außerdem sind wir in einer halben Stunde mit den Jungs auf der Hütte verabredet. Hast du mal auf die Uhr geguckt?»

«Reg dich ab», antwortete Miriam. «Geht bestimmt gleich weiter.» Sie kramte in ihrer Jackentasche. «Was Süßes?» Sie hielt mir eine Schokoweihnachtskugel hin. Umständlich streifte ich meinen Handschuh ab, wickelte die Kugel aus dem Zellophan und kaute darauf herum. Der Zucker beruhigte mich ein wenig, trotzdem überlegte ich, was passieren würde, wenn sich der Sessellift nicht wieder in Bewegung setzte. Ich sah mich an einem Seil hängend mit dem Helikopter ins Krankenhaus fliegen.

«Du stellst dir grad vor, wie wir abstürzen, oder?», fragte Miriam.

«Quatsch», sagte ich und genierte mich ein bisschen.

«Mhm», machte Miriam. Wir kannten uns lange genug, dass sie an meinem Gesichtsausdruck manchmal mehr ablesen konnte, als mir lieb war. Sie nestelte wieder an ihrer Jacke und zog ihr Handy hervor. «Warte, ich mach mal ein Foto! Schau doch mal, wie schön es um uns herum ist!»

«Spinnst du! Das Handy fällt runter! Nein!»

Aber sie lachte schon in ihre Handykamera, hielt im Selfiemodus auf uns beide. Im Hintergrund der Berg und die von frischem Schnee bedeckten Tannenwipfel. Ich rang mir ein Grinsen ab. Es gab schon genug Fotos von uns, auf denen Miriam strahlte und ich missmutig in die Welt blickte. Zu meinem 30. Geburtstag hatte sie aus Witz viele dieser Bilder entwickeln lassen und daraus eine Collage geklebt. «My favourite grumpy person in the world», stand darüber in goldener Schnörkelschrift.

«Die Fotos werden mega!», sagte Miriam.

«Reicht's jetzt mal?», antwortete ich leicht gereizt nach dreißig Versuchen.

Endlich packte Miriam ihr Handy weg. Ich runzelte die Stirn und seufzte tief.

«Wir stehen jetzt aber schon ganz schön lange, oder?», sagte ich. «Das ist doch nicht normal.»

Miriam schwieg.

«Oder meinst du, das war wieder ein Snowboarder, der Probleme beim Einsteigen hatte? Aber dann würde das nicht so lange dauern, bis sich der Lift wieder in Gang setzt, oder?»

Miriam sagte immer noch nichts. Sie zog sich die Skibrille wieder auf, die sie für die Selfie-Session abgenommen hatte.

«Ich wette, es gibt technische Probleme. Warum gibt es hier keine Durchsagen, das muss es doch geben für Notfälle!», fuhr ich fort. Ich versuchte, nicht nach unten zu gucken, tat es aber natürlich doch. Baumstümpfe ragten aus dem Schnee, dazwischen ein heruntergefallener Skistock. Ich merkte durchaus, dass ich mich gerade selbst in den Panik-Modus katapultierte. Vielleicht hatte ich wirklich zu viele *Bergretter*-Folgen gesehen, in denen Menschen abenteuerlich aus dem Absturz nahen Gondeln gerettet wurden. Ich machte eine mentale Notiz, fortan auf weniger actionreiche Romcoms umzusteigen.

Miriam reagierte nicht. Ich blickte sie von der Seite an.

«Haaa-lloo», sagte ich und stupste sie an. Jetzt seufzte sie.

«Was ist denn los?», fragte ich.

«Du nervst mich gerade etwas», sagte sie. Eines konnte man Miriam nicht vorwerfen: dass sie mit ihren Meinungen hinterm Berg hielt.

«Wieso denn ich jetzt?», verteidigte ich mich sofort. «Was kann ich denn dafür, dass wir hier feststecken?»

«Schon okay.»

Wir schwiegen beide. Ich blickte auf den Tragpfosten vor uns und versuchte zu überprüfen, ob ich dort ein technisches Problem erkennen konnte. Ich hatte einmal gelesen, dass Seilbahnen so konstruiert waren, dass man quasi nicht abstürzen konnte, und versuchte, mich an die Details des Wikipedia-Artikels zu erinnern. Da erwischte uns eine Windböe und ließ uns heftig schaukeln.

«Huch», kreischte ich auf.

In Miriam kam wieder Leben. «Ist das jetzt dein ERNST?» Ihr Ton war scharf. «Jetzt chill doch bitte mal! Herrgott, was machst du eigentlich, wenn du wirklich mal in eine brenzlige Situation kommst? Also, da möchte ich nicht mit dir unterwegs sein!»

Ich war ihre direkte Art gewohnt. Ein bisschen perplex war ich dennoch, zu erstaunt jedenfalls, um eine Antwort zu finden. Und, ja, auch etwas beleidigt.

Ich versuchte, das Gefühl abzuschütteln, es gelang nicht. Irgendwas stimmte nicht mehr zwischen uns. Schon seit wir am zweiten Weihnachtsfeiertag im Ferienhaus von Miriams Freund Alexander angekommen waren, hatte ich das Gefühl, dass wir unsere Freundschaft schauspielerten wie die Darsteller einer Vorabendserie, die ihre Rollen über viele Jahre des Engagements perfektioniert hatten. Wir dachten nicht darüber nach, wie wir in bestimmten Situationen reagieren sollten, wir taten einfach das, was wir immer taten. Wenn wir herumalberten, die ewig gleichen Witze machten, die auf meine überkritische Art und Miriams Leichtsinn abzielten, fühlte sich das seltsam einstudiert an. Und trotz aller Gewohnheit irgendwie künstlich und fremd.

Meine Gedanken kreisten, und für einen Moment vergaß ich, dass wir immer noch in der Gondel feststeckten. Erst ein leichtes Frösteln erinnerte mich daran. Ich schielte auf meine Fitnessuhr, die ich immer um den Arm trug und mit der ich meine Abfahrten aufzeichnete. Miriam fand das albern. Ihrer Meinung nach zerstörte es die Freude an der «Bewegung in der Natur», wie sie sich ausdrückte, wenn man Skifahren als Training betrachtete, sie fragte mich aber doch jeden Abend, wie viele Pistenkilometer wir gemacht hätten.

Zehn Minuten hingen wir schon fest. Im Sessel vor uns saß ein Paar, der Mann beugte sich zur Seite und schien aus einem Flachmann zu trinken. Lachen wehte zu uns. Die schienen mehr Spaß zu haben als wir. Wie lange würden wir noch hier sitzen müssen und uns anschweigen? Bislang hatte ich die Distanz, die sich zwischen uns geschoben hatte, auf eine leichte Entfremdung geschoben. Miriam lebte in München, ich in Berlin, wir sahen uns nicht oft, zum Telefonieren war selten Zeit. Vielleicht war es auch keine gute Idee gewesen, direkt in einen gemeinsamen Urlaub zu fahren, wenn man den Stress der Feiertage noch nicht verkraftet hatte. Außerdem kannte ich Alexander noch nicht. Aber die Einladung ins Schweizer Ferienhaus war zu verlockend gewesen, und bislang war es mir erstaunlich gut gelungen, Alexanders leicht großspurige Art zu ignorieren. Er sagte Sätze wie «Wohl dem, der in den Siebzigern hier in Immobilien investiert hat» oder «Echten Jetset gibt es ja gar nicht mehr, ihr könnt euch nicht vorstellen, welche Partys mein Großvater hier einst geschmissen hat, da war nichts mit grünen Smoothies». Aber selbst diesen Seitenhieb auf meine vegetarische Ernährungsweise verschmerzte ich, solange sich jeden Abend meine müden Muskeln in der Sauna des besagten Großvaters erholen konnten.

Ich blickte zu Miriam. Sie sah aus wie ein Bogner-Model in ihrem knallroten Skianzug mit Schlaghose, dem farblich passenden Helm, der golden verspiegelten Skibrille. Ihre langen braunen Haare hatte sie zu einem dicken Zopf geflochten, so, wie die Weltcup-Fahrerinnen das bei ihren Rennen machten. Ich fühlte mich neben ihr in meiner Uralt-Skihose, in der ich meine Oberschenkel viel zu dick fand, und meinen Ski, die ich günstig als Auslaufmodell gekauft hatte, schrecklich unglamourös, was mich wiederum sehr ärgerte, denn schließlich waren wir Freundinnen, und ich wollte mich gern als Menschen betrachten, dem solche Oberflächlichkeiten herzlich egal waren.

Die Minuten krochen dahin. Schon eine Viertelstunde saßen wir jetzt im Lift, und obwohl es ein sonniger Wintertag war, wurde es im Sitzen langsam ungemütlich. Eigentlich ging ich davon aus, dass Miriam die Stille bald durchbrechen würde. Es war nicht ihre Art, lange stumm zu bleiben. «Das Leben ist zu kurz für Streit», pflegte sie zu sagen, und wenn sie merkte, dass sie mit ihren bisweilen ein wenig zu ehrlichen Kommentaren übers Ziel hinausgeschossen war, entschuldigte sie sich überschwänglich. Böse sein konnte man ihr nicht.

Heute wartete ich vergeblich auf einen entwaffnenden Scherz. Sie schwieg hartnäckig. Ich war weiterhin beleidigt. Und ich betete, dass wir endlich weiterfahren würden – nicht nur wegen meiner Angst, sondern um diese unangenehme Situation endlich zu beenden. Mir fiel ein Instagram-Post ein, den ich kürzlich gesehen hatte. «Breathe, think, react» hatte dort in weißen, lustig gebogenen Buchstaben auf rosa Untergrund gestanden. Erst mal durchatmen, nachdenken, dann reagieren. Ich fragte mich, warum selbst die hohlsten Social-Media-Weisheiten im echten Leben so schwierig umzusetzen waren. Denken, grübeln, hadern, das konnte ich. Aber reagieren? Im Moment fühlte ich mich wie gelähmt.

Da vibrierte mein Handy. «Wir sind schon auf der Hütte, wann kommt ihr?», hatte mein Freund in unsere Urlaubs-WhatsApp-Gruppe geschrieben. Alexander schickte ein Bierkrug-Emoji hinterher.

«Die Jungs sind schon auf der Hütte», teilte ich Miriam mit, dabei starrte sie selbst seit geraumer Zeit in ihr Handy.

«Ja», sagte sie. «Ich schreib mal, dass es bei uns noch dauert.»

Ich hoffte inständig, dass wir mit diesen Brocken an Unterhaltung jetzt endlich die unangenehme Stille überwinden und einfach dazu übergehen konnten, unsere normalen, gewohnten Ichs zu sein. Und nur, um nicht wieder in Schweigen zu verfallen, sagte ich irgendwas, das ich normalerweise sagen würde. Es war eine dieser Reaktionen, die mein Gehirn automatisch produzierte, wenn ich mit Miriam zusammen war: «Ich freue mich schon aufs Käsefondue.»

Halb erwartete ich, halb hoffte ich, dass Miriam so wie immer reagieren würde. Sich amüsieren über meine Vorliebe für gutes Essen im Allgemeinen und für Käse im Speziellen. Bestimmt würde sie sagen: «Erinnere mich daran, dass wir noch ein paar Packungen Käsefondue für dich im Supermarkt besorgen, ich weiß gar nicht, wie du es in Berlin ohne aushalten sollst.» Und wir würden lachen, und alles wäre wie immer.

Stattdessen legte sie den Kopf in den Nacken und atmete geräuschvoll aus.

«Du denkst immer, für mich ist alles leicht», sagte sie.

Wo war jetzt der Zusammenhang zum Käsefondue? Ich sah sie an. «Was meinst du denn jetzt plötzlich damit?»

«Was ich gesagt habe. Dass du denkst, mir fällt alles leicht. Dass mein Leben einfach ist.»

Ich spürte, dass ich mir die Antwort «ist es doch auch» verkneifen musste.

«Alle haben so ihre Schwierigkeiten», hörte ich mich stattdessen sagen und zuckte innerlich über diese Phrase zusammen.

«Aber nach meinen fragst du nicht mal», sagte Miriam. Sie klang nicht wütend, sie stellte es einfach fest. «Du denkst, weil mein reicher Boyfriend uns alle in sein Ferienhaus einlädt, weil ich nicht jeden Tag über mein Gewicht lamentiere, weil ich nicht dauernd Panik schiebe, dass irgendwas schiefgehen könnte, dass mein Leben supertoll ist. Mir geht's auch manchmal mies, stell dir mal vor!»

Ich starrte sie an und suchte nach einer Antwort. Mein Gehirn schien völlig eingefroren zu sein. Mir fiel nichts ein, was ich erwidern könnte. Ich fühlte mich überfahren, von einer Miriam, die nicht wie sonst spontan handelte, sondern mir Eröffnungen machte, über die sie offenbar lange nachgedacht hatte.

«Äh, ja klar, also, es geht ja jedem mal schlecht», stammelte ich. «Aber wie kommst du jetzt plötzlich darauf?» Ich hatte das mulmige Gefühl, dass das hier eine dieser Situationen war, in denen Dinge ausgesprochen wurden, die man sich erst traute zu sagen, wenn die Genervtheit die Furcht vor dem Konflikt schlug.

Miriam zuppelte ein Taschentuch aus ihrer Jackentasche und schnäuzte sich. Weinte sie etwa? Miriam war keine, der leicht die Tränen kamen.

«Weißt du, was Alexanders Vater nach dem Weihnachtsbesuch zu mir gesagt hat?», fuhr sie leise fort. «‹Na, da bin ich ja mal gespannt, ob wir Sie hier nächstes Jahr noch mal wiedersehen.› Und Alex hat nur gelacht. Gelacht hat der!»

Und plötzlich begriff ich. Wir versteckten beide unsere Unsicherheiten, wir waren beide nicht ehrlich. Dabei bemerkte Miriam meine latente Eifersucht, natürlich, und ich nahm ihr die fröhliche Show, die sie jeden Tag abzog, nie ganz ab. Aber weil wir uns so selten sahen, taten wir das, was alle, jede Familie, jede Clique, jedes Paar über die Weihnachtsfeiertage stets versuchte und was nie funktionierte, bei niemandem: so zu tun, als ob nichts wäre, aus Rücksicht auf die Feiertagsstimmung. Und zwischen den Tagen kam der große Kater. Die Erkenntnis, dass selbst die abgebrühtesten Schauspieler ihre Rollen nur eine gewisse Zeit spielen konnten, bevor sie Gefahr liefen, sich selbst zu verlieren.

Ich atmete noch mal tief durch, ich dachte kurz nach, und endlich reagierte ich.

«Miri, ich glaube, es war gut, dass der Sessellift stecken geblieben ist.» Ich lächelte sie an. Manchmal musste man sich eben daran erinnern, dass nichts im Leben selbstverständlich war. «Und Alexander ist ein Idiot!» Miriam lächelte schief zurück.

In diesem Moment setzte sich der Lift mit einem heftigen Ruck in Bewegung. Wir schaukelten noch einmal hin und her, dann ratterten wir langsam in Richtung Bergstation. Wir sagten nichts mehr, und diesmal war es ein freundliches, einvernehmliches Schweigen. Was wir uns zu erzählen hatten, war kein Thema für einen Skitag, da waren wir uns im Stillen einig. Dafür brauchte man Ruhe und ganz viel Rotwein. Abends würden wir in der Sauna sitzen, später vorm Kamin, während die Jungs beim Après-Ski waren. Miriam würde mir von ihren Zweifeln erzählen, ob die Beziehung mit Alexander so eine gute Idee war, und ich würde ihr hoch und heilig versprechen, wenigstens mal zu versuchen, nicht immer vom Schlimmsten auszugehen.

Die Bergstation näherte sich. Endlich. Kurz vor dem Ausstieg aus dem Lift klopfte Miriam mir auf den Helm. «Und jetzt fährst du einfach mal», sagte sie und klappte die Sicherheitsschranke nach oben. Ich nickte und schob mich mit energischem Skistockeinsatz aus dem Liftbereich. Ich nahm keine Rücksicht auf die anderen Fahrer, ich sah mich nicht um, sondern bahnte mir zielstrebig meinen Weg auf die Piste. Ich ging in die Hocke, spürte den Fahrtwind, atmete tief ein. In der ersten Kurve gab ich so viel Druck auf die Kante meines Skis, wie ich konnte, ich wollte nicht rutschen, sondern die Sicherheit spüren, dass ich genau wusste, was ich tat. Ich spürte den Rausch der Geschwindigkeit, es fühlte sich gut an.

Und ich hatte keine Angst.

*Rainer Guzek*

# Taschenlampe und Pfefferspray

Ich war fünf oder sechs, da lag zur Bescherung unter dem Tannenbaum ein in einfaches Papier eingeschlagener Kasten. Meine kleinen Finger zupften, kratzten, rissen, sodass kleine Schnipsel wie Schneeflocken durch das Wohnzimmer stoben. Der Deckel flog auf: Im Karton eine schwarzweiß karierte Mütze und eine Schürze. Dazu ein Rührlöffel und eine Teigrolle aus Holz. Nicht, dass meine Eltern sich für Naturstoffe interessierten – es gab nur noch nicht alles aus Plastik.

«Damit darfst du mir in der Küche helfen», lockte die Mutter, die vortrefflich kochte. Sie setzte mir die Kappe auf und zündete die Kerzen auf dem gedeckten Wohnzimmertisch an.

«Oder Brötchen und Kuchen backen. Und wenn es dir Spaß macht, wirst du später mal Bäcker oder Konditor, denn Brot wird immer gebraucht», erklärte mein Vater, der in beiden Berufen einen Meistertitel hielt. Die hingen gerahmt im Flur. Er füllte Kartoffelsalat auf die Teller, und jeder bekam ein Würstchen.

Tränen schmecken ähnlich wie Wurstwasser, lernte ich an diesem Tag, denn ich hatte auf ein knallrotes Matchbox-Auto gehofft. Meine Mutter erklärte mir, dass der Weihnachtsmann sich bei der Geschenkewahl am Beruf der Eltern orientiere.

Mein Vater hat recht behalten. Backwaren gibt es fünfzig Jahre später immer noch. Wenn ich seinem Rat gefolgt wäre, würde ich heute nicht spätherbstliche Blumen pflanzen, sondern stünde in der Weihnachtszeit vielleicht in einem Chemielabor und experimentierte an Osterkranzteig aus dem Reagenzglas oder befehligte eine Produktionsstraße für vegane Berliner Pfannkuchen.

«Hausmeisterchen? Kommst du nachher deine Überraschung abholen?», ruft Irene vom Balkon aus der vierten Etage mit einer Stimme wie Ceylon-Zimt. Ihre Haut wirkt selbst aus großer Entfernung knittrig. Sie ist wie mein Vater in Rente und hat dem Hörensagen nach in ihrer aktiven Zeit manches Gewerbe bereichert. Die Wolkendecke lässt ein Bündel Sonnenstrahlen durch, und es wirkt, als würde Irenes feuriger Blick die von Wind und Wetter gebleichte Klinkerfassade zum Erröten bringen. Zehn Stockwerke hoch. Irene ist die Mieterin, die jedes Jahr als Erste an mich denkt – mit einer Flasche Weizenkorn, gewickelt in Seidenpapier. Wenn die anderen wie gewohnt nachziehen, gleicht mein Büro in vierzehn Tagen einem gut sortierten Spirituosenhandel. Hartnäckig hält sich das Gerücht, dass mein Berufsstand sich gerne einen hinter die Binde kippt. Neben Likören und Schnäpsen stapele ich schachtelweise Mon Chéri – neuerdings auch als Fusion mit Orangengeschmack –, Weinbrandbohnen und Birnengeist in Zartbitter.

Zum Wegwerfen zu schade. In meinem ersten Jahr als Hausmeister lud ich gegen den Rat meiner Frau alle Bewohner in den Gemeinschaftswaschraum ein. Am dreiundzwanzigsten Dezember. Das muss um die Zeit gewesen sein, als Ikeas Knutwerbung im Fernsehen lief und Tannen aus den Fenstern flogen. Zum Umtrunk schenkte meine Frau mir einen Schutzhelm, den ich seitdem beim Schneeschieben aufsetze.

Die Waschmaschinen und Kondenstrockner dienten als Tresenersatz, und die Fensterbank bog sich unter der hochprozentigen Last. Ich hatte die Flaschen nach Größe, Farbe und Ablaufdatum geordnet. Carsten Schulz aus der 118 beendete die Feier, als es gerade gemütlich wurde. Er hatte zu viel getrunken und zu wenig gegessen. Er musste sich übergeben. «Spuck in die Waschmaschine!», schrie ich ihn an. Dem Hausmeister ist Folge zu leisten, steht unter Sonstiges im Mietvertrag. Er handelte blitzschnell und weisungsgemäß und übergab sich in die Drei-Kammer-Schublade für Pulver und Weichspüler.

Heute ist es für die Jahreszeit zu warm, die Erde ist feucht und körnig. Ich zeige Irene einen erdschwarzen Daumen hoch und zupfe vertrocknete Sommerheide samt Wurzeln aus dem Boden. In das Loch passt die letzte winterharte Erika aus der Blumenkiste. Wenige Handgriffe, schon sieht das Beet im Schatten des Hochhauses festlich aus, als hätte jemand seinen purpurnen Mantel hineingelegt.

Im Gebäude fällt es schwer, etwas zu dekorieren. Alles, was nicht gesichert worden ist, wechselt den Besitzer. Selbst Glühbirnen werden geklaut. Keiner stellt zum Nikolaus seine Schuhe raus. Dafür wird jahreszeitenunabhängig gewichtelt. Inzwischen habe ich mehrere Varianten kennengelernt. Die beliebteste ähnelt dem Schrottwichteln in Firmen und Schulen. Ich nenne es Sperrmüllwichteln. Aussortierte Gegenstände werden ins Treppenhaus gestellt, gezogen, geworfen, geschubst, um jemand anderem aus der sogenannten Mietergemeinschaft eine Freude zu bereiten. In diesem Monat waren es bisher eine Ledercouch – aus der Sitzfläche ragten Sprungfedern wie Tentakeln heraus –, eine Matratze, deren Bezug in jahrelanger Schweißarbeit mit einem Fleckenmuster verziert worden war, und eine Fritteuse, in deren Fangkorb noch brauchbares Fett haftete. Geschenke, die nicht abgeholt werden, bleiben mir überlassen.

Auch wenn ich hier nicht wohnen möchte, ist es ein magischer Arbeitsplatz. An Dezemberabenden steige ich manchmal ganz nach oben, über die schmale Leiter auf jene Terrasse, zu der sonst nur der Schornsteinfeger Zugang hat. Im Süden ist die Elbe ein schwarzes Band. Dahinter blinken die roten Lichter der Windräder in den Marschlanden. Nach Norden und Westen funkeln Lichtergirlanden von Balkonen und kahlen Hecken. Ganz in der Nähe, im Park, ist der Budenzauber in vollem Gange; Lachen, Stimmen, Musik tönen herauf. Gegenüber, an einem Baukran, hängt ein strahlender Weihnachtsbaum. Im Osten verdämmert die Silhouette des Sachsenwaldes. Dort holen sich einige Hausbewohner ihre Tannen. Sie lassen sich nicht erwischen.

«Dein Haus ist ein richtiges Wimmelbuch», hat mein Sohn mal gesagt. «Aber ein dreidimensionales.» Ja, mit rasch wechselnden Gestalten. Eine Wohnung ist Ende November frei geworden und bald bezugsfertig. Im Entree begrüßt ein Makler mit Rentier-Krawatte die Gruppe Wohnungssuchender. Er formuliert die Vorzüge des Standortes. «Das Haus befindet sich in einer Eins-a-Lage – es sind nur drei Minuten zum Discounter, zum Arzt und zum Bahnhof.» Die Nachteile sind Lieferverkehr in den frühen Morgenstunden, der Lärm der Rettungswagen, die wachsende Milieu-Kriminalität. Eine kleine Sprühdose mit Chili-Extrakt zur Abwehr von Kampfhunden habe ich stets griffbereit. Sie schützt notfalls auch gegen Zweibeiner.

Die Wohnung, die der Makler anpreist, liegt in der zehnten Etage am Ende von 226 Stufen aus Gussmarmor. «Der Fahrstuhl ist defekt», sage ich im Vorbeigehen. «Vorübergehend.» Ratlose Stille. Zur Reparatur von Aufzügen bin ich nicht ausgebildet. Das wird dauern.

Das offerierte Apartment ist klein, quadratisch, unpraktisch. Selbst gewiefte Möbelanbieter hissen nach einem Blick auf den Grundriss die weiße Fahne. Eine winzige Kochnische verengt den ohnehin schmalen Flur. Dusche küsst Klo, innenliegend ohne Fenster, dafür mit garantierter Schimmelbildung. Ein genormter Kühlschrank findet kaum Platz. Der Wäscheständer geht immer – eingeklappt hinter der Tür. Sollte jemand zwischen Lattenrostauflage und Kleiderschrank ein weihnachtliches Bäumchen aufstellen wollen, droht Gesundheitsgefahr. In der trockenen Heizungsluft lösen sich die an den Nadeln haftenden Pestizide und mischen sich in den Atem.

Einen Backofen gibt es lediglich in einer Wohnung im fünften Stock. Dort wird 24/7 gebacken. Ein dynamisches Start-up von Ali, Igor und Klaus verkauft aus dem Wohnzimmer heraus Kekse. Mit Erfolg, denn die biologischen Cannabisblüten aus dem Reformhaus veredeln das streng gehütete Rezept und stehen bei den Kunden hoch im Kurs. Gestochen wird mit Plätzchenformen von Tchibo, saisonal angepassten, seit November mit Engeln und Weihnachtsmännern. Gelegentlich kommt es zu Verzögerungen bei der Verteilung. In dem Fall servieren die Geschäftstüchtigen den Wartenden heißen Himbeergeist aus der Kaffeemaschine. Sie liefern auch mit Elektrorollern nach Hause. Die Kuriere in wehenden Daunenjacken, crossbody gegurteter Designer-Geldtasche und Sonnenbrille gehören hier zum winterlichen Straßenbild wie der Adventsmarkt neben der Kirche und der Punschstand an der alten Weinhandlung.

Die kleine Gruppe der Wohnungstouristen verschwindet im Haus. Eine Frauenstimme hüstelt heiser. Wenn irgendeiner tatsächlich noch vor Weihnachten hier einzieht, darf er nicht der Versuchung verfallen und eine neue Fußmatte mit Motiven wie Christbaumkugeln, Sternen, Rentieren im Treppenhaus auslegen. So etwas gilt hier als willkommenes Last-minute-Geschenk.

Ich habe schon die meisten Präsente zusammen. Nur für meinen mittlerweile achtzehnjährigen Sohn fehlt etwas Passendes, und darüber zerbreche ich mir seit Tagen den Kopf. Einfach waren die Zeiten, in denen Lego und Playstation sich die ersten Plätze auf dem Wunschzettel teilten. Dieses Jahr hat es schon Geld für das bestandene Abitur gegeben und eine Finanzspritze für den Führerschein. Da sollte es jetzt etwas Persönliches sein, sagt meine Frau. Eine große Hilfe ist das nicht.

Für einen kurzen Moment bin ich unachtsam und rutsche über verstreute Fichtennadeln. Aus dem Futteral an meinem Gürtel ziehe ich die abgewetzte Handlampe – ständige Begleiterin bei den Rundgängen. Wie ein fliegendes Auge folgt der Lichtstrahl einer blaugrünen Spur, die aus dem Aufgang der Kellerräume über den ausgetretenen Linoleumboden führt, bis sie sich an der nächsten Biegung verliert. Das sieht nach Weihnachtsbaum-Recycling aus.

Bevor ich der Sache auf den Grund gehen kann, ploppt eine Nachricht auf. Frau Singh bittet um Hilfe, eingebettet in Tränen-Smileys. Die Wohnungstür ist ihr zugefallen.

Das erinnert mich daran, dass ich auf dem Weg nach Hause dringend am Baumarkt anhalten und eine Großpackung Schließzylinder besorgen muss. Im Dezember werden die meisten Schlüssel verloren. Besonders freitags und samstags nach achtzehn Uhr. Das liegt an den vielen Feiern. Mal sehen, wer es in diesem Jahr nicht ohne meine Hilfe bis Silvester schafft.

Für heute langt ein Stück Plastik im Scheckkartenformat. Einen kleinen Vorrat trage ich immer im Portemonnaie. Zwei Sekunden Konzentration, und der Türschnapper gibt dem sanften Druck der Drogerie-Treuecard nach. «Danke, Meister», stammelt die Gerettete unter Tränen, «danke!» Vor Rührung muss ich schlucken und beeile mich fortzukommen. Ein Meister bin ich nicht, aber ein unbürokratischer Problemlöser. Ein Dienstleister, Unterhalter, Seelsorger. Es gibt in dieser Branche keine klassische Berufsausbildung. Hilfreich sind handwerkliches Geschick, der schwarze Gurt in einer Kampfsportart und Grundkenntnisse der dreizehn wichtigsten Fremdsprachen.

In dieses Profil passe ich nur bedingt: Das heruntergefallene Räuchermännlein von Herrn Wawerzonnek, dass ich gestern in meiner Werkstatt reparierte, hat seither zwei linke Hände. So geht es mir mit der Selbstverteidigung. Deeskalation kann ich besser. Und was die Sprachen betrifft, schaffe ich nicht viel mehr als Merry Christmas und Joyeux Noël. Dennoch begegnen mir die Menschen mit Respekt. Wer hier lebt, glaubt an mich statt an den Weihnachtsmann. Santa hat dieses Haus noch nie besucht.

Vielleicht hat er eine empfindliche Nase. Rund ums Jahr müffelt es auf allen Fluren beinahe gleich: nach scharfem Putzmittel, nach Textilerfrischer, Schweiß, kaltem Rauch und Kochversuchen auf zwei Platten. Für den Vorraum mit den Briefkästen und dem Fahrstuhl habe ich im Drogeriemarkt den Raumduft *Weihnachtszauber* besorgt, Weihraucharoma in Plastikröhrchen, die sich an verborgener Stelle mit Klebeband fixieren lassen. Wenn die Angaben des Herstellers stimmen, verbessern sie einen Monat lang die fünfzig Kubikmeter Luft. Über WhatsApp bekomme ich eine Sprachnachricht von Mahan und Golaleh, dem iranischen Mieterpaar. «Danke, Chef, dass es so schön duftet.»

Vor einigen Jahren hat mir die Hausverwaltung einen ruhigeren Job angeboten: Hausmeister in einer Reihenhaussiedlung am Stadtpark. Weniger Stunden, gleiche Bezahlung. Ich habe gezögert und dann abgelehnt. Es gab nur einen echten Vorteil: Bei einer Winterdepression würde den zweigeschossigen Gebäuden niemand auf das Dach steigen.

Da hätte ich beinahe Irene vergessen. Auf dem Weg zu ihr höre ich zum ersten Mal in diesem Haus ein Weihnachtslied. Es dröhnt durch die Wand, im Vierviertaktakt: *Glühwein ist mein letzter Wille.*

Musik kann inspirierend sein. Ich weiß jetzt, was mein Sohn zur Bescherung bekommt: einen in Packpapier eingeschlagenen Karton. Darin Pfefferspray und eine LED-Taschenlampe, die Grundausstattung des zeitgemäßen Hausmeisters.

*Viktoria Klimpfinger*

# Cool bleiben

Zu Weihnachten haben bei uns zu Hause die Fotoalben Hauptsaison. Wenn alle Geschenke ausgepackt, alle Vanillekipferln aufgegessen sind, die erste Sektflasche ausgetrunken ist und die zweite noch im Tiefkühlfach schockfriert, nesteln wir mit spitzen Fingern an den Seidenpapierseiten herum, die die Erinnerungen milchig verschwimmen lassen, bevor man sie lüftet. Sorgfältig hat meine Mutter jede Banalität des Alltags hochkalligrafiert, als hätte sich nach meinem ersten Schaumbad, meinem ersten Wutanfall, meiner ersten Schramme am Knie die Welt andersherum gedreht.

«Vikis neue Zahnspange – 2002» steht da in kunstvoll geschwungener Tinte gemalt, neben einem Gesicht, dessen Mund nur deshalb seine neuen Leitplanken offenbart, weil er sich dank dem Lippenspreizer der Zahnärztin einfach nicht mehr schließen ließ. Meine Mutter hatte immer schon ein Händchen dafür, just in den Momenten den Auslöser zu drücken, die ich lieber verdrängt hätte. Festgehalten für die Nachwelt, damit sich irgendwann auch meine Kindeskinder fragen können, warum ihre Großmutter im Park von Schwänen attackiert wurde.

Würde man nach meinem konstant grimmigen Gesichtsausdruck in diesen Familienalben urteilen, könnte der Eindruck entstehen, ich sei kein besonders glückliches Kind gewesen. War ich aber, ich wurde offensichtlich nur nicht gerne dabei fotografiert. Besonders dann nicht, wenn man mich für Fotos auch noch in alberne Kostüme steckte. Blättert man durch die Jahre, verstärkt sich mein peinlich berührter Blick chronologisch mit jedem Faschingsfest im Partykeller meiner Großeltern, jeder Halloween-Fete in fremden Wohnzimmern.

Ich stehe einfach nicht auf Verkleidungen. Und das beschränkt sich nicht nur auf Fasching und Halloween. Ausgerechnet die Weihnachtszeit sorgt für ein verdächtig hohes Aufkommen an Rollenspielen. Jesus-Fasching. Geburtsszenen-Karneval. Im Frühchristentum läutete der 11. November die Adventszeit ein. Heute nickt mir am 11. November ein Kollege im Büro um exakt 11:11 Uhr ironisch zu und weist mich darauf hin, dass jetzt Fasching ist. Ein Zufall?

In meiner Kindheit begann jedenfalls der Kostümmarathon mit dem Martinstag am 11. November, als wir im katholischen Kindergarten die Geschichte des heiligen Martin persiflierten. Meine angeborene introvertierte Aura und mein düsterer Gesichtsausdruck, der auf die chronisch fröhlichen Kindergärtnerinnen wirkte wie Antihaft-Spray, retteten mich davor, den Martin selbst zu spielen, der am Höhepunkt des Einakters seinen mit Klettverschluss zusammengehefteten Mantel entzweiriss. In den meisten Kindergarten-Aufführungen blieb ich Statistin mit nicht näher ausformuliertem Rollenprofil. In der Inszenierung des *Regenbogenfischs* durfte ich den Seestern spielen, regungs- und textlos. Bei den Sternsingern war ich das Kind, das die Spendenbox hielt. Beim Martinsumzug um den Wohnblock verschwand ich mit meiner selbst gebastelten Laterne in der gesichtslosen Menge, während ein Mini-Martin sein Plastikschwert schwang und ein Schaukelpferd auf Rollen neben sich herführen durfte.

In unserem Kindergarten mitten in Wien konnten wir nicht auf echte Huftiere für die Prozession zurückgreifen. Auf dem Land lief das mitunter anders ab. Martin, ebenfalls Verweigerer des sozialen Mittelpunktes, ist in einem österreichischen Bergdorf aufgewachsen und hatte das Pech, namensverwandt mit der Hauptrolle zu sein. Ob er wollte oder nicht, gab dieser schüchterne, blond gelockte Martin aus der Kindergartengruppe *Marienkäfer* Jahr für Jahr Martin, den Soldaten mit dem berühmtesten Schultermantel der Kirchengeschichte. Jahr für Jahr wurde er hübsch frisiert und gewandet, musste seine Laterne an der Spitze der Prozession leuchten. Vor ihm ein Pony in der Rolle des Soldatenpferdes.

Auch wenn ihn das Spektakel einiges an Überwindung kostete, hatte Martin seine Rolle irgendwie lieb gewonnen. Stolz war er auf seine selbst gebastelte Laterne, so stolz, dass sich seine ganze Aufmerksamkeit auf sie richtete und er nicht bemerkte, dass sie gefährlich nah an das Ponyhinterteil heranrückte. So stolz, dass er nicht einmal mitbekam, dass das Pony langsam den Schweif hob. Als Ponyapfel nach Ponyapfel auf das Seidenpapier plumpste und das Teelicht im Inneren zum Erlöschen brachte, war es zu spät. Aber heroisch, wie es die Legende vorgibt, hielt Martin die Stellung, marschierte tapfer weiter, die zu braunem Matsch defäkierte Scheißlaterne immer noch an ihrem Stäbchen haltend, während stille Tränen über seine Pausbacken kullerten.

Während ich mich dem heiligen Martin erfolgreich entziehen konnte, gab es, wenn der Advent längst in vollem Gange war, einen weihnachtlichen Vorboten, dem ich nicht so einfach auskam. Jedes Jahr um den 6. Dezember störte ein gewisser Nikolo die lieb gewonnene Kindergartenroutine. Ich dilettierte in der Bastelecke oder ließ mich von der Kindergärtnerin ausschimpfen, weil ich beim Basteln versehentlich die Schere für die großen Kinder verwendet hatte, da klopfte es an der Tür.

Schlagartig wurden die Kindergärtnerinnen seltsam aufgeregt, rissen die Augen auf, ließen die Kinnladen Freiraum zum Staunen schaffen und stimmten uns rhetorisch ein: «Wer kann das wohl sein?» Ja, wer wohl? Die Frage stellten sie nie, wenn ein Elternteil an die Tür klopfte, um das dazugehörige Kind abzuholen. Es musste also wieder mal der alte Mann sein, der das Verbot, Süßigkeiten von Fremden anzunehmen, einmal im Jahr ad absurdum führte. In weißem Stoffkleid, das offensichtlich aus einem Bettlaken zusammenimprovisiert war, und dem Rauschebart mit den weißen Gummibändern, die seine Wangen einschnürten. Die Tür ging auf – Auftritt Nikolo.

Feierlich tritt er in die Mitte des Raumes, setzt sich ächzend auf den Sessel für Erwachsene, den ihm die Kindergärtnerinnen unter seinen Hintern schieben, und legt seinen Plastik-Hirtenstock neben sich auf den Boden, während wir uns zu seinen Füßen im Sitzkreis formieren. Bevor der Alte mit dem Wegpfand rausrückt, kommt erst einmal die obligatorische öffentliche Demütigung. Kind für Kind wird er uns aufrufen und uns fragen, ob wir auch wirklich brav waren. Kind für Kind werden wir unsere Unschuld beteuern und uns nach einigem Geplänkel mit einem Zellophan-Sackerl mit Nüssen, Mandarinen und einem Schokoladen-Konterfei des echten Nikolo in unserer Runde wieder setzen.

Als wäre mir das Stehen im Mittelpunkt des Sitzkreises und die hochoffizielle Befragung nicht schon unangenehm genug, scheint der Nikolo an mir besonderen Gefallen zu finden. Er verlangt sogar nach meiner Hand, die ich ihm aus einer angespannten Armlänge Entfernung hinstrecke, und blickt mir fest in die Augen, als wären wir uns schon mal irgendwo begegnet. Ich blicke verschämt auf meine Füße.

«Ah, die Viktoria» – meinen Namen muss er als einzigen nicht in der Rolle aus Elefantenpapier nachschlagen. «Warst du dieses Jahr auch wirklich brav?»

«Ja.»

«Und übst du auch brav Klavier?»

Ich habe ihm nie erzählt, dass ich regelmäßig das Klavier malträtiere. Generell verlaufen unsere jährlichen Gespräche eher einseitig, die Sympathie beruht nicht auf Gegenseitigkeit.

«Ja, ja.»

«Und bist du auch lieb zu deinen Großeltern?»

Was haben meine Großeltern damit zu tun? Stimmt es vielleicht wirklich, dass er mein Betragen das ganze Jahr über verfolgt hat?

«Ja.»

Dann drückt seine knochige, faltige Hand zum Abschluss auch noch meine, und ich darf mich mit hochrotem Kopf und dem Bestechungszellophan, das in meinen Händen knistert, endlich wieder setzen. Der Jutesack mit Filz-Nikolo-Gesicht, in dem er die heiße Ware angeschleppt hat, ähnelt stark dem Jutesack, in dem meine Mutter mir nur wenig später meine privaten Nikolo-Süßigkeiten überreichen wird mit den Worten: «Der Nikolo war da» – er weiß also sogar, wo ich wohne.

Als wäre das Ganze nicht schon unangenehm genug gewesen, zwingt mich mein Großvater später am Mittagstisch, das Ganze noch einmal zu durchleben:

«Und? War der Nikolo heute bei euch?»

Seine Augen funkeln, durch seine Wangen ziehen sich zwei tiefe Furchen. Es ist ihm erstaunlich wichtig, dass der Nikolo und ich auf gutem Fuß miteinander sind.

Wenigstens hatte er seinen Kumpel, den Krampus, nicht im Schlepptau. Wie man uns erzählt hat, hängen die beiden oft zusammen herum, tauchen gerne im Duo auf, und während der Nikolo die braven Kinder mit übertriebener Aufmerksamkeit verunsichert, ist der Krampus dafür verantwortlich, die Schlimmen mit seiner Rute zu peitschen. Nicht unbedingt kindergartengerecht.

Ich selbst habe den Krampus nie persönlich getroffen, kenne ihn nur als Zwetschgenkrampus, eine etwas traurige Figur, die meine Mutter irgendwann einmal aus Dörrzwetschgen zusammengebastelt hat. Aber meine Großmutter, und dieses Trauma war wohl so einprägsam, dass es für ein paar Generationen vorhielt. Als sie selbst noch ein Kind war, hatte er ihr Elternhaus gestürmt und ohne Umschweife ihre ältere Schwester in einem Holzbottich abtransportiert. An jedem 5. Dezember erzählt sie, wie sehr sie sich gefürchtet und wie laut ihre Schwester gekreischt hatte.

Jahre später, als ich schon längst überrissen hatte, dass dieser Krampus wohl nichts weiter gewesen war als ein brutaler Jugendscherz, um meiner Großmutter einen Mordsschrecken einzujagen, sollte ich seine Artverwandten kennenlernen. Die Weihnachtszeit endet in manchen Regionen Österreichs, wie sie beginnt: mit grotesken Kostümen. Nach Nikolo und Krampus, wenn in den Pfarren die Krippe vor dem Altar entfernt wurde und die *Babyborn*-Puppe zurück in den Kostüm-Fundus gewandert ist, die Studentin, die sich auf dem Weihnachtsmarkt als ausgewachsene Version des Christkinds verkleiden muss, die blonde Lockenperücke und Engelsflügel abgestreift hat, schlagen die Perchten in den Raunächten dem Holzbottich den Boden aus, bis die Heiligen Drei Könige kommen. Danach ist die Maskerade erst einmal vorbei, bevor am Faschingsdienstag die Narren ihre Domäne zurückfordern.

Perchtenläufe kannte ich als Stadtkind nur aus Erzählungen, die über die Brutalität einer Holzbottich-Entführung hinausgingen. Enthemmte Halbstarke, die im Schutz der Dunkelheit und ihrer geschnitzten Holzmasken durch die dämmrigen Dorfgassen ziehen und alles peitschen und prügeln, was sich bewegt – dagegen schien es mir nur halb so wild, in einem modrigen Holzbottich festzustecken. Und dann lernte ich Martin kennen.

Ebenjener Martin, dem in seiner Kindheit ein Pony seine Laterne vollgeäpfelt hatte, konnte es nicht fassen, dass ich nie Zaungast bei einem Perchtenlauf gewesen war. Und auch keine gesteigerte Lust darauf hatte, daran etwas zu ändern. Aber wir waren frisch verliebt, und ich tat bei seinen Ausführungen viel zu interessiert, um einen Rückzieher zu machen.

«Komm doch nach Weihnachten mit mir aufs Land, dann machen wir das gemeinsam!»

Toll. Kein besserer Anlass, die Schwiegerfamilie kennenzulernen, als bei der gemeinsamen Flucht vor mythologischen Gestalten aus vorchristlicher Zeit. Martin versprach mir, dass es sich um einen «Touristen-Lauf» handeln würde und wir, wenn am Abend darauf der inoffizielle Lauf für die Einheimischen durch die Gassen fegen werde, bei dem es dann so richtig zur Sache gehe, schon längst wieder im Zug nach Wien sitzen würden.

Ich machte mich trotzdem auf das Schlimmste gefasst,

auf nichts Geringeres als die nachweihnachtliche Vorhölle, die eigentlich hätte zufrieren sollen, als sich mein Besuch angekündigt hatte. Ich suchte sogar bei meiner älteren Schwester Rat. Seit meiner Geburt hatte sie diebischen Spaß daran gehabt, mich mit ihren Gruselgeschichten in Angst und Schrecken zu versetzen. Plötzlich schien sie untypisch besorgt um mein Wohlbefinden, was mich noch skeptischer machte, und ereiferte sich an hilfreichen Tipps. «Sobald du Blickkontakt mit einer Percht hast, musst du dich vor sie hinknien und sie lautstark um Verzeihung bitten. Dann lässt sie dich in Ruhe!» Sie lieh mir sogar ihre alten Doc Martens, «zur Sicherheit». Um kein unnötiges Risiko einzugehen, kleidete ich mich unauffällig in Schwarz, damit mich die Aufmerksamkeit der Perchten überspringen würde. Wenn ich etwas von klein auf draufhatte, dann war es, bis zur Unkenntlichkeit mit meinem Hintergrund zu verschwimmen wie der hautfarbene Seestern neben dem Regenbogenfisch. Nur dass ich diesmal aussah, als wäre ich dem Schwarzen Block einer Demo abhandengekommen.

Schnee fällt, als wir am Ende der großen Straße, die sich durchs Dorf zieht, einparken. Die Sicherheitsgitter, die sie säumen, erinnern tatsächlich an Demos. Vereinzelt stehen Securitys in gelben Warnwesten herum – kein gutes Zeichen. Die ersten Perchtenläufer kreuzen unseren Weg, aufgeregt ins Gespräch vertieft, als wären sie nicht als dämonische Höllengestalten verkleidet. Sie lächeln und nicken uns zu, während die schweren Holzmasken an ihren Händen baumeln: «Griaß eich!»

Kurz überlege ich, ob es noch zu früh ist, um mich auf die Knie fallen zu lassen und um Gnade zu winseln. Aber die Show hat ja noch nicht begonnen. Ich entscheide mich fürs Erste dafür, apathisch auf den Boden zu starren. Die Perchten kichern und zeigen einander Videos auf ihren Handys.

«Man sieht dir an, dass du dich fürchtest», lacht Martin. «Bleib einfach cool.»

«Ich bin urcool», flüstere ich meinen Füßen zu. Plötzlich versteinert sich seine Miene.

«Lass das ‹ur› lieber weg. Nur zur Sicherheit.»

Ich solle mich nicht unbedingt als Wienerin outen – nichts outet einen in Österreich so sehr als Wienerin, wie wenn man seine Adjektive mit «ur» verstärkt –, das könnte nicht nur die Perchten hier unnötig reizen.

«Aber das merken die doch spätestens, wenn ich sie um Gnade anflehen muss?»

Spätestens jetzt dämmert Martin, dass er mich doch hätte briefen sollen.

«Wer hat dir das denn eingeredet?»

Ich schicke einen Fluch gegen meine Schuhe.

«Kein Winseln, kein Betteln und kein angespanntes Starren, okay? Du musst wirken, als hättest du Spaß, dann lassen sie dich in Ruhe.» Spaß haben und cool bleiben – zwei Dinge, die nicht in meiner Natur liegen. Siehe Fotoalbum.

Während ich also damit beschäftigt bin, meine gesamte Strategie über den Haufen zu werfen, manövrieren wir uns durch den dicht gefüllten Straßenrand. Da kommt mir die rettende Idee: Kinder! Wer würde die Aufmerksamkeit besser auf sich und von mir weglenken als die Horde kreischender Kinder, die sich aufgeregt an das kalte Gitter pressten? Ein frenetischer menschlicher Prellbock zwischen mir und den Perchten. Perfekt!

Die Show beginnt. Schon wälzen sich erste kleine Perchten, die vorher noch so lässig an mir vorbeispaziert sind, wutschnaubend über die Straße, schwingen Ketten und Ruten und brüllen hinter ihren Holzmasken, die so erstaunlich hässlich sind, dass es sich nur um echte Kunst handeln kann. Wilde Gitarrensoli aus den Boxen feuern sie an. Das ist nur die Kindergruppe, aber selbst von ihnen wirkt jeder Einzelne plötzlich so, als könnte er mich problemlos in einen Holzbottich stecken.

Nach ihnen marschiert Perchtengilde um Perchtengilde auf, feierlich angekündigt durch einen glühweinglücklichen Moderator auf der Bühne am anderen Ende des Ortes, jede in eigener Perchtentracht, jede mit eigenem Soundtrack. Mal soliert *Angus Young* über den *Highway To Hell*, mal stoßen *Lordi* ihr *Hard Rock Hallelujah* in den Himmel. Die Kinder vor mir kreischen vor Verzückung, ich konzentriere mich darauf, unkonzentriert zu wirken, und setze ab und zu ein kurzes, schrilles «Wuhuuu!» ab, um von meinen verkrampften Augenbrauen abzulenken.

Und schon hängen die ersten Perchten am Sicherheitszaun, schwingen ihre Ketten dagegen oder wuscheln den Kindern durch die Haare. Die Kinder haben Spaß, ich habe Schweißflecken. Immer wieder hascht eine Perchtenhand nach meiner Mütze. Dass die Kinder mir alle nur bis zum Bauchnabel reichen und ihre Eltern ihnen bunte Mützen und neonfarbene Skianzüge angezogen haben, ist nicht unbedingt die beste Kulisse für meine unauffällige Tarnkleidung. Jedes Mal, wenn ich nur knapp der nächsten Holzgrimasse entgehe, kichere ich manisch den Spaß aus mir heraus. Die Kinder tuscheln. Über mich?

Dann scheint es plötzlich doch so, als hätte sich die Hölle aufgetan. Ein überdimensionaler Leiterwagen schiebt sich und ein paar Kostümteufel auf ihm ruckelnd die Straße entlang, die Infanterie um ihn und die Grenadiere auf ihm schwingen an ihren Ketten etwas, das aussieht wie kleine Käfige, aus denen Flammen schlagen, während Till Lindemann aus den knackenden Boxen «Feuer frei!» brüllt. Diesen Typen möchte ich tatsächlich nicht ohne Sicherheitsgitter begegnen, denke ich noch, während auch schon die nächste Perchtengestalt am Zaun hängt und nach meiner Mütze hascht. Für einen Moment fühle ich mein Herz in meiner Hose pochen. Das war's mit der Coolness, und Kichern kommt mir auch keines mehr aus. Sollen sie doch tuscheln, dann werfe ich mich eben auf die Knie und winsele! Ich versteinere, als eine Perchtenhand mir flüchtig den Kopf tätschelt. Meine Augen stemmen sich gegen meine verkrampfen Lider und blicken direkt in zwei besorgte Holzmaskenlöcher.

«Is lei nur a Spaß!», beruhigt mich die Grimasse.

Jetzt lachen die Kinder definitiv über mich.

Aber nicht lange. Die nächste Percht schleift einen Teil des Sicherheitszaunes mit sich auf die Straße, daran ein paar Kinder, die die Gitterstäbe nicht rechtzeitig losgelassen haben. Mein Prellbock hat sich aufgelöst. Jetzt lache ich. Die Securitys, die bisher eher repräsentativ am Zaun lehnten und Glühwein tranken, schlurfen dem abtrünnigen Zaunstück nach und mahnen die in Rage geratenen Perchten zur Ordnung.

Das war der Höhepunkt. Mehr ist nicht passiert. Keine Striemen an den Waden, kein Flehen um Vergebung, und einen Holzbottich habe ich auch nicht von innen gesehen. Ich bin aber auch, nachdem der letzte Höllenwagen vorübergezogen ist, schnurstracks in Richtung Auto gestapft, weil ich mein Glück nicht überstrapazieren wollte.

Wer weiß, was den Perchten bei der Aftershow-Party am Glühweinstand noch alles eingefallen ist. Ein kleiner Teil von mir war etwas enttäuscht. Der Großteil meiner Teile war erleichtert, dass sie heil geblieben sind. Den ersten und bis jetzt einzigen Perchtenlauf hatte ich hinter mich gebracht. Jetzt musste ich mich nur noch vor den Heiligen Drei Königen verstecken, und das war's dann mit Weihnachten.

So ganz spurlos ist die weihnachtliche Kostümiererei aber doch nicht an mir vorübergegangen. Seit ich die Obhut über eine kleine Hündin habe, die mit ihrem zerzausten schwarzen Fell, das zwischen Locken und Borsten mäandert, auch außerhalb der Weihnachtszeit ein wenig aussieht wie der Krampus auf vier Pfoten, überkommt mich rund um Weihnachten das seltsame Bedürfnis, Weihnachtskostüme für Hunde in virtuelle Warenkörbe zu legen.

Mittlerweile bin ich nur wenig peinlich berührte Besitzerin eines roten Stoffumhangs für Hunde, auf dem ein kleiner Stoff-Weihnachtsmann sitzt. Das soll aussehen, als würde der Weihnachtsmann sein Rentier reiten. Der Rentier-Kopfschmuck für Hunde war voriges Jahr leider schon ausverkauft. Jetzt sieht es so aus, als würde der kleine Weihnachtsmann – oder der Nikolo, die sehen sich ja zum Verwechseln ähnlich – einen überdimensionalen, leicht genervten Krampus reiten, der sich mit einfachen Dingen wie Knackwurst besänftigen lässt und seine Rute nur aus Freundlichkeit wedelt.

Wenigstens habe ich so auch endlich ein Foto von einem peinlich berührten Schützling im Kostüm, das ich ins Familienalbum kleben kann. Am besten neben das Foto von mir im Kindergarten, wie ich den Nikolo meinen verkrampften Arm halten lasse, während ich düster in die Kamera starre, unter dem steht: «Viki und Opa – Kindergarten 1998».

*Lea Streisand*

# Papa ist Joseph

Als ich ein Kind war, hatte ich zwei Väter. Einen richtigen und einen leiblichen. Wenn ich versuchte, es den Erzieherinnen im Kindergarten zu erklären, guckten sie komisch und schickten mich zum Händewaschen. Aber im Grunde war es ganz einfach: Der eine war immer da, schlief mit Mama in einem Bett, backte Pfefferkuchen und regte sich jedes Jahr über die Heizung auf; der andere nicht.

Als Kind denkt man immer, das muss so sein. Ich dachte zum Beispiel, wenn der Gasheizungsmonteur kommt, dann ist bald Weihnachten. Der Gasheizungsmonteur kam immer im Herbst, weil die Gamat-4000-Außenwandheizer jedes Jahr kaputtgingen. Das waren riesige braune Ungeheuer, die an manchen unsanierten Berliner Altbauten heute noch die Außenwände heizen. Man erkennt sie an den Metalllüftungen, die wie rostige Schweinsnasen unter den Fensterbrettern aus der bröckelnden Fassade ragen.

Ich mochte die Gasheizungen. Wenn man sie voll aufdrehte, war es wie Lagerfeuer im Zimmer, und wenn man den Zeigefinger anleckte und Sterne in den Staub auf der Blechummantelung malte, roch es nach alten Socken.

Mein Vater regte sich jedes Jahr von Neuem über die Heizkörper auf. Spätestens Anfang Oktober polterte er beharrlich schimpfend durch die Wohnung und versuchte, die Teile selbst zu reparieren, was nie gelang, weshalb meine Mutter am Ende den Monteur anrief und mein Vater sich beleidigt zurückzog.

Die Monteure sahen aus wie Schränke in blauen Latzhosen. Sie legten sich vor den Heizkörpern auf den Dielenboden und machten solchen Lärm, dass jede Person, die nicht an mittelgradiger Schwerhörigkeit litt, fluchtartig den Raum verließ. Die Zündung des Gamat 4000 wurde durch einen Schalter betätigt, den man mit roher Gewalt und spartakiadischer Ausdauer in den Heizkörper hineinwummern musste. Bis schließlich mit einer kleinen Gasexplosion – «Zumm!» – die Flamme sich entzündete und wohlige Wärme verbreitete.

Meine Mutter erzählt, als ich noch ein Baby war, kam der Monteur einmal, als ich gerade schlief.

Eine halbe Stunde lang hämmerte er sich durch unsere Altbauwohnung. Doch das Baby, das ich war, schlief einfach weiter. «So watt hab ick ja ooch noch nicht erlebt», staunte der Monteur.

Ich schlief auch, als im Juli 1984 der stillgelegte Gasometer vom Prenzlauer Berg gesprengt wurde. Die Erschütterung war im ganzen Stadtteil zu spüren und setzte sich als Welle der Empörung unter den Einwohnern der alten Häuser fort, die schließlich noch ein anderes Bauwerk zum Einsturz bringen sollte. Ein längeres, das die Stadt und mit ihr die Welt, in der ich lebte, in zwei Hälften teilte. Doch das war später. Erst einmal wurde auf der Fläche des alten Gasometers ein prestigeträchtiges Neubauprojekt namens Ernst-Thälmann-Park hochgezogen mit einer monumentalen Büste des Arbeiterführers in Bronze davor, die rechte Faust erhoben, den kahlen Kopf zur Seite, Blick nach Westen und hinter sich die flatternde Fahne. Ich fand, er sah aus wie ein schlafendes Baby.

Ich wuchs heran. Der Monteur kam jedes Jahr. Auch als die Ostberliner Gasversorgung 1985 von selbst gemachtem Stadtgas auf sibirisches Erdgas umgestellt wurde, was dazu führte, dass in der Hufelandstraße, wo wir wohnten, die Bäume eingingen, weil dort die Gashauptleitung für den Prenzlauer Berg verlief.

Mein Großvater war Pfarrer. «Also, das Baby ist Jesus», hatte er mir an der Krippe erklärt. «Der hat Weihnachten Geburtstag. Und die Frau da ist Maria, das ist die Mama von Jesus.»

«Und das ist der Papa», ergänzte ich und zeigte auf die Josephfigur.

«Na ja», sagte der Großvater und kratzte sich am Kinn. Ich war vier Jahre alt. «Also der richtige Vater von Jesus ist Gott.»

Der Großvater sagte das so langsam, als würde er einen sehr großen Stein einen sehr hohen Berg hochschieben.

«Also ist Gott der Erzeuger von Jesus!», sagte ich.

Der Großvater hustete. «Also im Prinzip ...» Er zögerte, dachte nach, sah mich an, druckste herum, fand keinen Ausweg und seufzte schließlich. «Irgendwie ja.»

Ich brach in Triumphgeheul aus: «Maaaamaaaa», brüllte ich, «der Opa hat gesagt, das mit dem Jesus ist wie bei uns. Papa ist Joseph, und Ralf ist Gott!»

Meine Mutter sagte: «Wie bitte?», mein Papa verschluckte sich am letzten Gänseflügel, und die Oma sah strafend den Opa an, der hilflos die Arme hob.

Wenn die Wohnung warm war, gingen der Mann, den ich Papa nannte, und ich einkaufen. Weihnachten ging in der DDR nämlich Anfang Oktober los. Spätestens dann musste man anfangen, nach Pfefferkuchenzutaten Ausschau zu halten. Wer jemals versucht hat, in einer Mangelwirtschaft

Pottasche zu besorgen, weiß, dass dieser Teil der Weihnachtsvorbereitungen aufregender war als Heiligabend.

Als Kind denkt man auch, dass alles für immer so bleibt, wie es ist. Kein Kind rechnet damit, dass Eltern sich trennen, zwei deutsche Staaten sich vereinigen, und wer sollte davon ausgehen, eines Tages nach dem Fall der Berliner Mauer noch am 23. Dezember in einem normalen Supermarkt Pottasche kaufen zu können. Fünf verschiedene Sorten Pottasche. Und Hirschhornsalz. Und Zuckerrübensirup. Noch nach der *Tagesschau*.

Jedes Jahr am zweiten Advent klebt meine Küche. Da werden Plätzchen gebacken. Jeder, der mitmacht, darf sich zwei Sorten aussuchen. Die Hälfte verbrennt und landet im Müll, der Rest wird gegessen und verteilt.

Als wir noch studierten, war es Tradition, dass alle Bäcker sich währenddessen hemmungslos betranken. Erst dann wurde Weihnachten geplant.

Denn mindestens die Hälfte meiner Freunde waren Scheidungskinder wie ich, und weil alle Eltern ihre Sprösslinge sehen wollten, sich gegenseitig aber nicht, hatte unsereins zu Weihnachten statt Krippenspiel Improvisationstheater.

«Also», grübelte ich und malträtierte den Teigklumpen, «wenn ich am 24. mit meiner Mutter zu Tante Regine gehe, dann kann ich mich am 25. mittags mit Ralf zum Essen treffen und zum Kaffeetrinken bei Oma und Opa sein.»

Mein neuer Freund Tim schaute mich an. «Und wieso gehst du nicht mit deinem Vater zu den Großeltern?» Er war protestantisch erzogen worden und hatte Weihnachten noch ganz andere Probleme. Er musste vier Tage in seinem intakten Elternhaus in der Provinz ausharren und besinnlich tun.

«Bist du irre?», rief ich. «Ich kann meinen leiblichen Vater doch nicht mit zu den Eltern meines Stiefvaters nehmen!» Tim rieb sich die Stirn. Er blickte noch nicht richtig durch.

Mein mittlerweile geschiedener Stiefvater war einige Jahre zuvor nach Köln gezogen und hatte dort eine neue Familie gegründet. Weihnachten feierten sie alle bei Oma und Opa in Berlin.

Mein leiblicher Vater hingegen erhob plötzlich Harmonieansprüche. Schließlich hatte er mir die Hälfte meiner Erbinformationen mitgegeben. Dafür verlangte er nun angemessen entschädigt zu werden mittels Respekt und Anerkennung.

Tim und ich waren erst wenige Monate zusammen und hatten die Familie des anderen noch nicht vollständig kennengelernt. Er war Zugezogener. Meine Mischpoke hatte die Hauptstadt nicht verlassen. Bis auf meinen Stiefvater.

«Im Grunde ist dieser Familienzwang doch absolut hirnrissig», rief meine Freundin Frieda an dem Abend beim Plätzchenbacken in unserer Küche. Frieda hatte nicht zwei Väter wie ich, sondern zwei Mütter, weil die eine sich irgendwann unsterblich in die Vikarin der Kirchengemeinde verliebt hatte, in der Friedas Vater Pfarrer war. Friedas Mutter und Vater gingen sich seit Jahren aus dem Weg.

Frieda gehörte zu denjenigen unter meinen Freundinnen, die den Rum beim Plätzchenbacken lieber selbst austranken, statt ihn in den Teig zu schütten. Jetzt wedelte sie mit dem Knethaken durch die Luft, sodass die

Teigklümpchen wie Schneeflocken durch die Küche stoben. «Immerhin feiern wir Weihnachten die Geburt eines Mannes, der nicht nur aus ungeklärten Verhältnissen stammt, sondern sogar seine Familie verlassen und seine Lehre abgebrochen hat, um mit einem Dutzend Aussteiger durch die Gegend zu ziehen und Storys zu erzählen. Meint ihr, der ist Weihnachten zu seinen Eltern gegangen und hat sich fragen lassen, wann er mal seine Freundin mit nach Hause bringt und wie er sich sein Dasein als freischaffender Prophet eigentlich so vorstellt?» Frieda war Schauspielerin, und ihre Mütter hatten ihr einige Monate zuvor den Unterhalt gestrichen. Als Ansporn, sich einen ordentlichen Job zu suchen.

Es wurde noch ewig diskutiert an diesem Abend. Wir beschlossen, am 25. Dezember abends tanzen zu gehen. «Als Ansporn, das Fest zu überstehen», erklärte Frieda, und mein neuer Freund kam noch mit Nietzsche: «Gott ist tot, und wir gehen nicht hin!», was aber mehrheitlich abgelehnt wurde, weil wir das Fest doch irgendwie mochten. Besonders, wenn kleine Kinder dabei waren.

Meine Schwester Martha war damals vier Jahre alt. Sie begann gerade zu verstehen, was Familie bedeutete. Ein paar Monate zuvor hatte sie eine kleine Schwester bekommen, was ihre junge Weltordnung durcheinandergebracht hatte. Direkt im Anschluss hatte sie eine ältere Schwester bekommen. Sie war nämlich die Tochter meines Vaters, genauer gesagt die Tochter meines geschiedenen Stiefvaters, wodurch ich eigentlich ihre geschiedene Stiefschwester war.

Martha, ihre Mutter, unsere Schwester und unser Vater lebten in Köln, aber Weihnachten kam die Familie nach Berlin zu Oma und Opa.

Zu diesem Weihnachten schenkte ich Martha eine grüne Gummiente. Das war die Idee ihrer Mutter, weil Martha nicht gern badete. Danach erklärte ich ihr die Weihnachtskrippe unter dem Tannenbaum.

«Und wo ist Gott?», hatte Martha gefragt.

«Den kann man nicht sehen», hatte ich geantwortet, «aber der ist trotzdem da.»

Martha hatte eine Weile unter dem Baum gesessen und nachgedacht. Dann hatte sie die Ente in die Hand genommen und mit den Worten «Tuuttuut, hier kommt Gott!» in die heilige Familie integriert.

Die Oma guckte vorwurfsvoll, mein Vater erstickte fast, und als ich nachts vom Feiern nach Hause kam, war die Gasheizung kaputt.

Manche Dinge bleiben eben doch so, wie sie sein müssen.

*Larissa Hoppe*

# Mein erster Baum

Zögernd stehen mein Bruder und ich vor dem umzäunten Verkaufsbereich nahe Alexanderplatz. *Der Tannenmann* steht auf dem Plakat am Gitter. «Hallo», begrüßt uns der Verkäufer. «Sie suchen einen Baum?!» – «Aber einen schönen. Eine Nordmanntanne.» Es ist das letzte November-Wochenende, endlich hat der Christbaumverkauf begonnen. Schon seit Tagen plane ich, mir einen zu holen. Meinen ersten eigenen. Ich fange bei null an. Fast.

In den vergangenen Wochen und Tagen habe ich kistenweise Kugeln und anderen Deko-Kram zusammengesammelt. Auf dem Weihnachtsmarkt, über eine Arbeitskollegin, im Kaufhaus, im Fachgeschäft. Klar ist: Ich will keinen Baum aus Plastik. Und ich will keinen, der nur 50 Zentimeter hoch und mehr Topfpflanze als Baum ist. Damit ich das Ding nach Hause kriege, habe ich meinen Bruder mitgenommen. Da weder Lukas noch ich ein Auto haben, werden wir ein bisschen laufen müssen. Aber ich habe den Verkaufsposten strategisch gut ausgewählt. Es ist nur einen Kilometer bis zu meiner Haustür. Es war der nächstgelegene Stand. Die werden schon was haben.

«So in der Größenordnung hier?» Der Verkäufer zeigt auf ein Bäumchen aus der Kategorie Topfpflanze. «Nee, schon 'nen richtigen, 'nen großen.» – «Dann müssen wir ein bisschen weiter nach hinten gehen.» Mit schnellen Schritten steuert er an ein paar Reihen vorbei, Luki und ich folgen etwas langsamer. «Was haben denn alle mit diesen kleinen Bäumen?», raune ich ihm zu. «Der kennt halt die Berliner Wohnungen, ne, Larissa.» Zugegeben, auch in meiner Bude kann man sich nicht verlaufen, und das Wohnzimmer ist mit 15 Quadratmetern überschaubar. Und voll. Große Couch, davor ein Tisch, gegenüber die TV-Konsole, links ein Esstisch, ein Bücherregal, eine Vitrine – es gibt praktisch keine leere Stelle. Bis auf die paar Zentimeter zwischen Sofa und Bücherschrank, damit ich zum Balkon komme. Etwas weniger als ein Quadratmeter. Und da kommt der Baum hin.

«Wie groß soll er denn sein?», fragt der Verkäufer. Ich überlege: «Hmm, schon größer als ich. Also so 1,80 Meter bis 2 Meter vielleicht.» Der Mann nickt und zieht eine Tanne aus dem Ständer, stellt sie vor mich hin. «Was halten Sie von dem hier?» Joar, ein bisschen karg unten, denke ich. Ich schaue nach links und rechts. Irgendwie muss der Baum knallen. Also schön gewachsen sein, mit kurzer Spitze und vielen Ästen. Ein hübsches Dreieck eben.

«Was ist mit dem dahinten? Können Sie mir den einmal zeigen?» Ich deute auf einen Baum in der Mitte der Reihe, dessen Spitze ein kleines bisschen über die der anderen ragt. Der Verkäufer geht los. «Der ist dann aber etwas größer als 1,80 Meter!» – «Das macht gar nix», flöte ich. Ich spüre, dass das der richtige sein könnte. «Wie soll der denn in dein Wohnzimmer passen?», sagt Lukas. «Und wir müssen den auch nach Hause kriegen.» – «Aaach, das geht schon.» Ich betrachte die Tanne, die der Verkäufer auf den Weg gewuchtet hat. Schön ist sie. Gerade gewachsener Stamm, symmetrisch auseinandergehende Zweige, überall sattes Grün. Lediglich an einer Stelle ist sie etwas weniger dicht; die Seite richte ich dann zum Bücherregal aus. «Die nehme ich», rufe ich aus. Ab nach vorne zur Netztrommel und einmal einwickeln, bitte.

«Und dann brauche ich noch einen Ständer, haben Sie die auch?» – «Klar», sagt der Mann, «welchen wollen Sie?» – «Öööh, worin unterscheiden die sich denn?» – «Es gibt welche mit Sicherheitsspitze im Boden, dann müssen Sie aber jedes Jahr einen Baum mit Loch im Stamm kaufen.» – «Nee, das will ich nicht.» – «Gut, dann habe ich noch diesen hier», sagt er und geht zu seiner Verkaufsbude, um kurz darauf mit einem dunkelgrünen Sockel in der Hand wieder rauszukommen. «Dieser ist mit Rundum-Einseil-Technik.» – «Okay ...» Ich habe wirklich keine Ahnung. «Wo liegt der denn preislich?» – «30 Euro. Der hat aber auch eine Wasserstandsanzeige, fasst 3 Liter. Der Mercedes unter den Tannenbaumständern.» Klingt grundsolide, nehme ich.

«Blöd nur, dass du keinen echten Mercedes hast. Der würde uns jetzt wirklich helfen», sagt Luki, nachdem wir fünf Minuten mit der Tanne auf den Schultern unterwegs in Richtung Wohnung sind. Die Spitze trage ich, Lukas hat den Stamm am Nacken und den Ständer unter den Arm geklemmt. «Das ist doch kacke», flucht er, während wir langsam einen Fuß vor den nächsten setzen. – «Nicht so schnell», jammere ich, «ich komm sonst nicht hinterher.» – «Du, ich wollt hier nicht bis Weihnachten rumhängen.» – «Wollen wir tauschen? Dann trage ich den Stamm und du die Spitze. Die ist leichter.» Ich bitte inständig, dass er Nein sagt. «Meinetwegen.» Luki lässt den Stamm auf den Boden sacken. Tolle Wurst. Aber egal. Jetzt habe ich diesen Baum schon gekauft, also kriege ich den auch nach Hause gewuppt.

Weiter. Der Stamm drückt gegen meinen Kopf, meine

**Mein erster Baum**

Finger sind nass und eiskalt. Es sind drei Grad, bald könnte es den ersten Schnee geben. «Nächstes Mal könnten wir eine Schubkarre mitnehmen», rufe ich von vorne nach hinten. «Welches nächste Mal?» Er schaut grimmig hinter den Ästen hervor. «Ist ja gleich geschafft. Da vorne um die Ecke, noch ein paar Meter, und dann sind wir da», versuche ich, ihn aufzumuntern. Schlechte Stimmung kann ich gerade nicht gebrauchen.

«Ja, und dann müssen wir ihn nur noch die Treppen hochschleppen, aufstellen und schmücken. Geht alles ganz fix hier», ätzt er. Ein Fußgänger geht vorbei, grinst breit. «Der denkt auch, dass wir richtige Pfosten sind», sagt Luki, als der Mann außer Hörweite ist, und muss selber lachen. «Schleppen wir hier 'nen 2-Meter-Aal durch die Gegend. Es gibt auch Lieferdienste, wusstest du das schon, Lari?» – «Papperlapapp. Wir werden es wohl schaffen, ein Stück Baum von A nach B zu tragen.» Langsam biege ich in meine Straße ein. «Guck, sind schon fast da.»

Im Wohnzimmer setzen wir den Baum vor dem Bücherregal neben der Heizung ab. Erst mal 'nen Kaffee trinken. Langsam pult Luki den Ständer aus der Verpackung. «Und wie geht das jetzt?», frage ich. – «Hast du noch nie 'nen Baum aufgestellt?» – «Nee. Wann denn? Ich hatte noch nie einen, und früher hat das Papa gemacht.»

Weihnachtsbaum hieß bei unseren Eltern immer Ausnahmezustand. Vor allem mein Vater brauchte starke Nerven. Nur die wenigsten Bäume trafen den Geschmack meiner Mutter. Zu krumm, zu wenig Äste, zu viele, hier ein Loch … Es dauerte mitunter ewig und drei verschiedene Verkaufsstände, ehe das richtige Grünzeug gefunden war. Zum Glück gab es auf manchen Märkten Glühwein. Die wussten schon, warum.

Noch um ein Vielfaches langwieriger als die Baumsuche war aber die Suche nach dem richtigen Schmuck. Schon weit vor dem ersten Advent flanierte meine Mutter durch Großzelte vor Kaufhäusern, um immer wieder neue Kugeln auszusuchen. Das Lager platzte schon aus allen Nähten, aber es ging immer noch ein bisschen mehr. Vor allem bei den Farben. Es gab Schmuck für die Tanne in Rot-Gold, klassisch eben. Und dann gab es noch Kugeln für die unterschiedlichsten Phasen. Mal gab es eine Grün-Gold-Phase. Und die Weiß-Gold-Phase. Und einmal auch die Blau-Gold-Phase. Jede Phase wurde eingelagert; nur für den Fall, dass man sie irgendwann noch einmal durchleben könnte. Was es nicht gab: Lametta. Diese bunten Spaghetti, die verloren an Zweigen baumeln, lassen jede noch so prächtige Tanne mindestens 30 Euro günstiger aussehen. Genau wie bunte Lichterketten. Autoscooter-Atmosphäre im Wohnzimmer killt jeden Anflug von Weihnachtsstimmung.

«Dann lass uns mal loslegen. Wollen ja fertig werden.» Luki steht auf, setzt den Sockel auf den Boden und drückt den Knopf am Schließ-Hebel. Klack, die Seile springen zurück. «Und jetzt packst du den Baum da rein.» Ich schaue ihn mit großen Augen an. Erst den Baum, dann meinen Bruder. «Kannst du das nicht machen? Der ist schwer und pikst so.»

«Ach nee?! Mann, Lari, ehrlich.» Wütend packt Luki den Stamm und wuchtet ihn in den Sockel. «Steht der gerade?» Ich gehe zwei Schritte zurück. «Denke schon.» – «Gut, dann musst du jetzt unten auf den Hebel drücken und die Seile festziehen.» Gesagt, getan. Als wir das fertige Werk betrachten, hebt Luki die Augenbraue. «Der steht aber schief, das weißt du, ne?!»

«Hmmm ...» Drei Sekunden Schweigen. «Gut, dann noch mal nachziehen», sagt er und geht wieder zur Tanne. Ich krabble darunter. Hebel lösen, Baum ein bisschen nach rechts kippen, Hebel wieder feststellen.

«Der ist immer noch schief. Das brauch ich mir nicht mal von Weitem anzuschauen!»

Also noch mal Hebel lösen, noch ein Stück weiter nach rechts kippen, Hebel wieder feststellen.

«Häh», sagt er, «das kann doch gar nich sein. Lass mich das mal machen.» Schnaubend krabbelt er unter den Baum. «Jetzt zieh den mal wirklich doll in deine Richtung.» Mache ich. «Ist der jetzt gerade?», fragt er gequält von unten.

«Ja, ich glaube, jetzt passt es.»

«Gut», sagt er entnervt und kommt wieder hoch, «dann können wir den jetzt ja auspacken.» Ehrlicherweise steht der Baum noch immer schief. Aber ich will Lukis Nerven nicht weiter strapazieren, und es wird nach drei Tagen eh nicht mehr auffallen.

Vorsichtig ziehen wir das Netz ab. Langsam entfalten sich die prächtigen Äste in ihre Reihen, und ich gehe ein paar Schritte zurück – bis ich an den Hocker vor meiner Couch stoße.

«Ha, du hast kein Wohnzimmer mehr», feixt Luki. Die Spannweite von der Tanne ist echt ordentlich. Auf der einen Seite drücken die Zweige ins Bücherregal, auf der anderen gegen die Heizung und auf der dritten gegen Couch und Tisch, sodass der Durchgang zum Balkon verbaut ist.

«Hättest du mal auf den Verkäufer gehört.» Luki wippt mit den Augenbrauen und grinst breit.

Ich sage nichts. So sieht das blöd aus. Und es funktioniert auch nicht. Ich will ja nicht halb in der Tanne landen, wenn ich rausgehe, um eine zu rauchen. «Dann schieben wir den halt noch ein bisschen weiter in das Bücherregal rein, den Hocker stelle ich an die Seite und den Tisch direkt vor das Sofa.»

«Du musst dann aber trotzdem immer über das Sofa krabbeln, wenn du zum Balkon willst», sagt Luki, während er beobachtet, wie ich mich im Möbelrücken probiere, und Kaffee schlürft.

«Egal. Sind ja nur ein paar Wochen im Jahr»

Luki grinst noch immer. Aber die Tanne steht, und das ist das, was zählt.

«Hilfst du mir noch beim Schmücken?» – «Kurz, ja.» Er schaut skeptisch auf meine Tüten mit dem Weihnachtsschmuck. Es sind fünf. Fünf große. «Ab jetzt macht es ja erst richtig Spaß!», sage ich bewusst feierlich und hole der Reihe nach die Kartons heraus.

«Wie viele Kugeln hast du denn gekauft?», fragt er und beobachtet, wie ich eine Kiste neben die nächste lege.

«Viele. So hundert Stück vielleicht.»

«Und die willst du alle aufhängen?»

«Die meisten. Muss ich halt sehen, dass es mit den Figürchen noch passt.»

«Welche Figürchen?»

«Na, ich hab noch Holz- und Glitzerfiguren geholt. Und das Beste: eine Fee. Also auch noch eine Ballerina, aber die Fee ist am schönsten. Die hat so Glitzerflügel dran. Aber erst müssen wir die Lichterketten dran machen.»

In Zeitlupe erhebt sich mein Bruder vom Sofa. «Wie viele hast du davon? Zwei?» – «Fünf.» – «Laaari, wozu?» – «Zum Aufhängen. Wenn nicht am Baum, dann kommen sie auf den Balkon oder was weiß ich wohin.»

Langsam dröseln wir eine Kette auseinander, legen sie Etage für Etage auf die Äste. Sie reicht bis zur Hälfte.

**Mein erster Baum**

«Zum Glück hast du vorgesorgt», sagt Luki in lästerlichem Ton. Als die zweite Kette hängt, drücke ich auf den Knopf der Verteilersteckdose. Aaaah. Sehr schön. Wirklich. Als ob ein Heiligenschein in mein Wohnzimmer eingezogen ist. Gut, halb im Bücherregal, aber auch das kann ein bisschen Glanz und Gloria vertragen.

«Super, dann jetzt die Kugeln. Willst du vielleicht die Schleifen binden?» – «Au ja, das klingt richtig gut», ulkt er.

Langsam bin auch ich genervt. Kann er das mal ein bisschen ernster nehmen? «Ja, oder willst du lieber was anderes machen?» – «Egal, gib mir einfach irgendwas.» Ich drücke ihm das Schleifenband in die Hand. «Das kannst du in große Stücke schneiden und lose zusammenbinden, sodass ich sie nur noch am Ast festziehen muss.» Er nickt und beginnt zu wickeln.

Ich habe Band aus Naturfaser und cremefarbenes, schmal und breit. Außerdem goldfarbene Kordel und ganz feinen Draht, vielleicht für die Kugeln. Obwohl es ja auch die Haken gibt. Wie auch immer. Irgendwo werde ich das Band schon unterbringen.

«Sollen die Schleifen eher groß oder klein sein?» – «Hmmm, groß. Sonst verlieren die sich so.» – «Und wie viele willst du haben?» – «Vielleicht so zwanzig.» – «Zwanzig?!» – «Schon, ja. Muss ja überall dazwischen.» – «Wenn ich mir deinen Kugelberg ansehe, gibt es am Ende nicht viel dazwischen.»

Ich habe zehn Kugeln in Altrosa und Puder. Zwanzig Kugeln in Gold und Mattgold. Vier aus Glas mit Goldpigmenten drauf, vier in mattem Dunkelviolett, vier champagnerfarbene, und dann habe ich noch ein Set mit 25 weißen Kugeln sowie 25 Kugeln in Pastellrosa. Dazu kommen die Figuren: Rehe mit Glöckchen, Rehe ohne Glöckchen, Engel auf Schlitten, Sterne aus Holz und Sterne mit Glitzer. Als Highlights die Ballerina und die Fee. Und die Schleifen.

Vorsichtig hänge ich nach und nach die Kugeln auf, dann die Figuren, dazwischen die Schleifen. Sieht gut aus. Kitschig, aber nicht geschmacklos. So kann die Adventszeit kommen.

Sie kommt, und ich erfreue mich jeden Tag an dem warmen Lichterglanz, der mein kleines Wohnzimmer erhellt und sich in den Fensterscheiben spiegelt, wenn es draußen immer früher dunkel wird. Einzelne Lichtpunkte glänzen in den champagnerfarbenen Kugeln oder schimmern sanft durch die Glaskugeln hindurch. Die Fee habe ich so aufgehängt, dass sie auf einem der Zweige zu tanzen scheint. Genau wie die Ballerina. Es ist eine ruhige Adventszeit, die ich nur zu gerne auf meinem Sofa verbringe, im behaglichen Schein meiner ersten eigenen, etwas schief stehenden Weihnachtstanne.

Drei Wochen nach Heiligabend ist alles anders. Ich habe genug von Weihnachten, Lichterglanz und Feenstaub. Meine Tanne ist schon seit geraumer Zeit kraft- und farblos, manche Kugel droht vom hängenden Ast zu rutschen. Zu Beginn habe ich noch alle drei Tage Wasser in den Mercedes gekippt, zuletzt habe ich gar nicht mehr gegossen.

Ich nehme Kugeln, Figuren und Schleifen vorsichtig vom Baum und packe sie zurück in die Kisten. Doch aus einem unerfindlichen Grund habe ich plötzlich weniger Kartons. Mit Mülltüten und Altpapier verstaue ich die Rehe und Engel trotzdem halbwegs trümmerfest. Da das ordentliche Zusammenrollen von Lichterketten grandios überbewertet wird, knülle ich sie einfach zurück in die

Pappschachteln. Nächstes Jahr habe ich Zeit genug, sie wieder auseinanderzufummeln.

Nun betrachte ich den kahlen Baum und frage mich, wie ich ihn aus dem Wohnzimmer bugsieren soll, ohne dass die Hälfte des Nadelkleides in meiner Wohnung bleibt. Vielleicht wie in der Ikea-Werbung, einfach raus aus dem Fenster oder runter vom Balkon? Zweiter Stock ist nicht so hoch. Und wenn ich es spätabends mache und keine Leute mehr unterwegs sind, kann er auch niemanden erschlagen. Der Plan steht.

Pünktlich um 22 Uhr löse ich den Schließ-Hebel am Mercedes. Tanne in der Hand. Uuuaargh, raus aus dem Ständer. Die ersten Nadeln rieseln auf den Boden. Und was ein Mist, der Stamm ist noch komplett nass. Nun gut, weiter geht's. Diese blöden Nadeln überall. An den Zweigen mögen sie noch Sinn machen, aber am Stamm? Welchen Auftrag haben die da? Und wie piksig kann man sein? Piksig und bretthart. Egal, ich muss das Ding über den Hocker heben, sonst kriege ich es nicht auf den Balkon.

Uuuuargh... puh, ja, geht. Wieder fallen Nadeln. Schnell am Baum vorbei, ehe es zu voll wird in der Balkontür, dann kann ich ihn hinterher holen. Kräftig ziehen. Mit jedem Zentimeter in Richtung Frischluft fallen weitere Nadeln auf den Boden. Jetzt links und rechts am Türrahmen vorbei. Noch ein bisschen ziehen, dann hab ich's. Noch ein kleines Stück...

Aber es geht nicht weiter. Ich stehe mit dem Rücken an der Balkonwand, die Tanne vor mir, mitten in der Tür. Links von mir ist die andere Balkonwand, rechts sind die Stühle und der Balkontisch. Auch hier ist es so voll, dass die Tanne nicht mehr draufpasst. Warum lebe ausgerechnet ich in so prekären Verhältnissen? Ich versuche halbherzig mit einem Fuß, Tisch und Stühle weiter an die andere Balkonseite zu schieben.

Nützt nix. Es wird nicht passen. Nie. Vorher müsste ich den Baum in seine Einzelteile zerlegen. Ah, habe ich eine Säge? Eher nicht.

Dann geht der halt so raus, wie er reingekommen ist, quer durch die Wohnung.

Nun muss erst die Tanne zurück ins Wohnzimmer, dann ich. Diesmal schieben und drücken. Wieder fallen Nadeln. Vorsichtig über den Hocker heben – ratsch. Der nasse Stamm kratzt über den weißen Stoffbezug. Gott, hab ich keinen Bock mehr.

Entnervt zerre ich den Baum durch den Raum, vorbei an Bücherregal (mehr Nadeln rieseln), Esstisch (noch mehr) und Couch (und noch mehr), quetsche ihn durch die Wohnzimmertür in den Flur und von dort durch die Eingangstür in den Hausflur. Es ist ein Massaker. Aber jetzt bin ich so weit, da kann ich die letzten vier Treppen auch noch nehmen. Ich ziehe das Ding hinter mir über den Boden. Der Stamm plumpst die Stufen runter, und die restlichen Nadeln rieseln. Plopp, plopp, plopp...

Wenn ich unten angekommen bin, hab ich wahrscheinlich einen Zahnstocher in der Hand. Ich bin auf der vorletzten Treppe, da sehe ich die alte Dame aus dem Stockwerk über mir unten am Treppenabsatz stehen. Sie schaut fragend.

«'n Abend», sage ich leise und ziehe das Totholz weiter hinter mir die Stufen hinab. Vielleicht sollte ich den Baum wenigstens die letzten Meter bis zur Tür hochheben. Unten umgreife ich den nadeligen Stamm. «Ich hab's gleich», sage ich halblaut, eher zu mir als zu ihr. Sie schaut mir mit immer noch fragendem Blick hinterher. Draußen lege ich den Baum an den Straßenrand. Nichts wie wieder rein, denn putzen muss ich ja auch noch.

Bevor ich das mache, räume ich erst mal den Ständer weg. Warum ist der noch immer so voll Wasser? Ab zur Spüle damit. Gibt's bei der Ständer-Oberklasse auch ein Ablass-Loch? Negativ. Also über Kopf gedreht. Da kommt kaum was raus. Ist das ein verstecktes Depot? Ich weiß nur, dass ich diesen Fünf-Kilo-Oschi nicht mehr allzu lange schütteln kann. Komm schon, das muss doch rausgehen! Gluckert immer noch. Dann eben nicht. Stell ich ihn in das Küchenregal, dann kann der Rest verdunsten. In ein paar Tagen wird sich das Thema von alleine erledigt haben. Jetzt schnell saugen, wischen, und dann langt's wirklich.

Gegen 23 Uhr sieht meine Wohnung wieder ungefähr so aus wie vor zwei Monaten. Ziemlich nackig. Aber auch ordentlich. Ein paar Nadeln habe ich beim Staubsaugen wohl nicht erwischt. Die werde ich noch im Sommer unter der Couch finden. Ebenso wie den Mercedes unter den Tannenbaumständern in meinem Küchenregal.

**Dietmar Bittrich**

# Lallende Tanten üb

Nach dem Wechsel meiner Eltern ins Reich Weihnacht sind mir nur die Tanten geblieben. Ta.. nate, die hagere Schwester meines Vaters, die so sparsam ist, dass sie immer verspätet feiert, wegen der Preisnachlässe. Tante Uschi, die ledige Schwester meiner Mutter, die an einem Weihnachtstag ihren Gatten verlor und das bis heute als schönstes Geschenk betrachtet. Und Tante Anke, die keine Blutsverwandte ist, aber meine Patentante und liebste Weihnachtsgans. Sie ist die wichtigste zukünftige Erblasserin.

Seit etlichen Jahren verbringe ich mit den Tanten den ersten Weihnachtstag, wenn meine Frau aufs Land reist, zu ihren Kindern aus erster Ehe. Früh am Vormittag fahre ich zu Tante Anke, die in ihrer großen alten Wohnung die Feier ausrichtet, und helfe ihr kochen und schmücken und decke den Tisch ein. Wie ein Diener nehme ich den eintreffenden anderen Tanten die Mäntel ab und esse mit ihnen und lausche den alten Geschichten und trinke mit ihnen, obwohl sie viel mehr vertragen als ich. Und dann helfe ich noch aufräumen. Ich opfere den ganzen Tag. Und das keineswegs aus eigensüchtigen Motiven, also nicht wegen Tante Renates Ferienwohnung am Meer, die einen lebendigeren Nutzer verdient hätte, auch nicht wegen Tante Uschis 300 SL, der, vom Gemahl hinterlassen, als Oldtimer in der Garage steht. Der Grund ist vielmehr meine altmodische Liebe zur Familie.

Onkel gehen, die Tanten bleiben», murmelte Tante Ankes verfallener Gemahl, als ich Abschied nehmend an seinem Pflegebett stand. «Aber du», hauchte er, «hüte das Bild!» Über seinem Nachttisch hing eine gerahmte Lithografie von Goethes Gartenhaus. «Alles klar, Onkel Peter», sagte ich desinteressiert. «Nicht *das*!», ächzte er. Am Bett seiner Frau, überm Kopfende, prangte eine Reproduktion von Dürers Feldhasen. Andere Bilder waren im Schlafzimmer nicht zu entdecken. «Auf dem Schrank!» Er wollte den Arm heben und bekam einen Hustenanfall.

Auf dem Schrank? Die sechstürige Trutzburg aus Eiche, vier Meter lang, zwei vierzig hoch, beherbergte die eheliche Garderobe der letzten sechzig Jahre. Alles darin roch grämlich und ungelüftet. Obendrauf, unter einer verfilzten Staubschicht, lag etwas, das ich für einen in Zeitungen gerollten Teppich gehalten hatte. «Ist das ein Bild?», wunderte ich mich. Der Onkel ließ sterbensmatt ein Nicken ahnen. Ich zog es vor, ihn mit allerbesten Wünschen für die Zukunft zu verlassen, hastig, um nicht Zeuge seines Abgangs zu werden.

Das eingerollte Geheimnis blieb im Besitz von Tante Anke, als der Mann elf Tage später zu den Rauschgoldengeln aufstieg. Nach geschmackvollen Feierlichkeiten begab sie sich zur herbstlichen Kur nach Bad Wörishofen. Mir fiel die patenkindliche Aufgabe zu, die überlebende Zimmerpalme zu gießen. Gleich am ersten Tag stellte ich die Trittleiter an den Schrank, mit dem alten Miele über der Schulter, und saugte den Staub vom Zeitungspapier. Dann traute ich mich, die Rolle abwärtszuzerren. Für einen Teppich war sie tatsächlich zu leicht, aber noch unhandlich genug. Ich schleifte sie ins Wohnzimmer und begann, die Schichten von vergilbtem Papier und dünnem Vlies zu entrollen.

Die Zeitungen, alle aus Hessen, öffneten einen dunklen Korridor mehr als acht Dezennien in die Vergangenheit. Sie entstammten einem Jahr, das meine Finger nervös werden ließ. Die früheste, eine *Frankfurter Zeitung* vom 6. Juli, würdigte eine Kunstausstellung, die bestückt war mit den Werken einer berüchtigten Ordnertruppe. Ein anderes Blatt aus demselben Monat dokumentierte die Neueröffnung des Musischen Gymnasiums in Frankfurt durch einen Reichsminister für Wissenschaft, Erziehung und Volksbildung. Das späteste zur Verpackung genutzte Papier bestand aus den Seiten eines *Reise- und Bäder-Anzeigers*. Er enthielt Reklame und Lobhudeleien, vor allem für den Kurort Bad Wildungen: «Fern dem Lärm der Welt wird noch die ganze bunte Fülle des gesellschaftlichen Programms geboten.» Das Datum war der 1. September. Mich schauderte. Aber ich war Autor und brauchte das Geld. Bereits diese angebräunten Blätter von 1939 mussten sich versteigern lassen.

Es wurde noch aufregender. Leuchtend gelb kam unterm Papier der Rand einer bemalten Leinwand zum Vorschein. Ich war drauf und dran, ein dem Licht und dem Feuilleton entrücktes Gemälde zu entrollen. Es war nicht so lang wie der Kleiderschrank, maß aber doch drei Meter und in der Höhe zwei. Tante Anke und Onkel Peter hätten es an keiner Wand ihrer Wohnung unterbringen können. Vermutlich hätten sie es auch nicht gewollt. Als ich die Signatur entziffert hatte, in Sütterlinschrift, ahnte ich Zusammenhänge, die einer heiklen Rechtfertigung bedurft hätten. Und mir wurde klar, dass ich meinen Weihnachts-Etat für Tante Anke würde erhöhen müssen – verbunden mit der Ermahnung, dass ich ihr liebendes Patenkind war –, um dieses Werk in meine Privatgalerie zu überführen.

Ein Kunstkenner war ich nicht. Doch hatte ich durch beflissenes Verfolgen nahezu aller Folgen von *Bares für Rares* in zehn Jahren ein gewisses Verständnis entwickelt, weniger für die Kunst als für ihre Verwertbarkeit. Und dieser Schatz vom Schlafzimmerschrank ließ sich ohne Zweifel verwerten. Ein brüchiger Aufkleber auf der Rückseite der Leinwand mochte Zeit- und Herkunftsbestimmung erleichtern: Kunsthandlung Hugo Helbing, Frankfurt.

Tante Anke und Onkel Peter, es sei noch einmal betont, gehörten nicht zur direkten Verwandtschaft. Unsere eigene Familie war in den prekären Jahren durchweg im Widerstand gewesen, von Anfang an. Keiner hatte mit den braunen Horden auch nur das Geringste zu tun haben wollen. Im Gegenteil. Es bleibt reines Glück, dass keiner meiner Vorfahren den Machthabern zum Opfer gefallen ist. Vielleicht ist das dem Umstand zu verdanken, dass sie den Widerstand dermaßen verdeckt und subtil ausübten, dass er von niemandem bemerkt wurde. Gerade feinstoffliche Arbeit bewirkt am meisten, habe ich von meinem Großvater lernen dürfen. «Auf der molekularen Ebene liegt die Kraft.» Sofort nach dem Krieg trat dann schonungslos offen zutage, wie sehr alle dagegen gewesen waren.

In der Familie von Onkel Peter hatten die Dinge anders gelegen. Sein Vater war als Kunsthistoriker zum Sonderbeauftragten befördert worden. Als Fachgelehrter hatte er sich um Werke gekümmert, die damals jäh an Wertschätzung verloren, die nicht mehr gern gesehen waren und allenfalls noch zur Abschreckung ausgestellt wurden. Ich weiß nicht, wie viele plötzlich nicht mehr korrekte Werke er vor der Vernichtung bewahrt hat. Beim Entrollen der Leinwand ging mir lediglich auf, dass er eines der bedeutendsten Gemälde für die Nachwelt gerettet hatte, zunächst für seinen Sohn Peter und nun für mich. Allerdings war es zu diesem Zeitpunkt noch nicht ganz meines.

Um es auf den Pitchpinedielen des Wohnzimmers entrollen zu können, musste ich Möbel beiseite räumen und Stühle als Beschwerer für Kanten und Ecken verwenden. Ein monumentales Strandbild erleuchtete den Raum. Ockergelber Sand, blaugrünes Meer, hellwolkiger Himmel. Davor Gestalten, die wie Skulpturen gemalt waren, aber bewegte Badeurlauber darstellen sollten. Ein Liebespaar unterm Sonnenschirm, eine Hüpfende mit Ball, ein erotischer Jüngling, ein Turner in verdrehtem Handstand. Badetücher, Luftmatratzen, Paravents. Alles recht grob hingepinselt. Selbst wenn meine Wände groß genug gewesen wären, hätte ich dieses Bild nicht aufgehängt. Umso leichter würde ich mich davon trennen. Die rasche Onlinesuche ergab, dass ein Gemälde dieser Größe vom selben Maler Max Beckmann bei Christie's gut vierzig Millionen Euro eingebracht hatte. Oh Gott. Danke, Tante Anke!

Wie alle Freiberufler hatten mich die Coronajahre an den Rand des Ruins getrieben. Nun war ich saniert. Ich würde meiner Frau eine Flasche Rotkäppchen Sekt kaufen, in bescheidener Vorwegnahme des ganz großen Glücks. Zunächst galt es, Tante Anke mit mildem Nachdruck zu ersuchen, dass ich sie von diesem lästigen Machwerk befreien durfte. Gern noch vor Weihnachten. Es musste Geschenk genug sein, dass ich diesen Staubfänger von ihrem Schrank entfernte. Sie würde freier atmen und endlich durchschlafen können. Mit Goethes Gartenhaus und Dürers Hasen war sie bestens bedient. Fort mit dem monumentalen Lumpen! «Vielleicht kann ich beim Trödler noch ein paar Hundert Euro für dich erlösen!» Das würde ich ihr vorschlagen.

Im Handeln hatte ich ein wenig Übung erlangt. In drei florierenden Jahrzehnten hatte ich mir Möbel der klassischen Moderne und ein paar Gemälde leisten können. In nur zwei Coronajahren hatte ich alle zum Verkauf geben müssen, meist an Auktionshäuser und immer mit Verlust. Ein berühmter Kollege hat in diesem Zusammenhang eine rhetorische Frage gestellt: «Was ist ein Kunstraub gegen die Gründung eines Auktionshauses?»

Eine Antwort hatte er nicht erwartet. Doch die Frage verdiente eine Prüfung. Schon im ersten Jahr der Lockdowns war mir das Geld für Weihnachtsgeschenke ausgegangen. Meine Frau und ich hatten uns immer nur Liebe geschenkt. Die Tanten musste ich mit Greifbarem füttern, erstens aus tief empfundener Zuneigung und zweitens, um später desto üppigeren Ertrag einzufahren. Bei den Kleinanzeigen im Web war ich fündig geworden. Gleich das erste Ehepaar, das Fayencen anbot, inspirierte mich zu der Idee, die mir später zu zweifelhaftem Ruhm verholfen hat, davor aber zu etlichen kostbaren Raritäten.

Die beiden boten hundertjährige französische Wandteller an, mit dem Zusatz «VB» und «nur Abholung». Niemand will noch Fayencen haben, auch nicht aus der Belle Epoque, niemand sucht bemalte Wandteller – außer Tante Renate. Die Wände ihrer Ferienwohnung am Meer, zu diesem Zeitpunkt noch ihr Eigentum, hatte sie mit glasierten Betulichkeiten dekoriert, darunter Ziertellern mit Abbildungen ländlicher Szenen. Renate war Ende siebzig und sammelte immer noch. Einverstanden. Ich hatte etwas gefunden, was ihr noch fehlte. Und die sechzig Kilometer fuhr ich gern für sie.

Das Ehepaar im Endreihenhaus einer friedvollen Kleinstadt empfing mich dankbar. Die Teller hatten bereits ein halbes Jahr in den Kleinanzeigen geharrt. Ich würde nicht zäh verhandeln müssen. Der schwer atmende Mann stellte sich als pensionierter Baudezernent vor, seine rundliche Frau war im Gesundheitsamt tätig gewesen. Die Wohnung wirkte vollgestopft wie eine Antikscheune und musste vor einem halben Jahrhundert zuletzt renoviert worden sein. Auf dem Tisch leuchtete eine Flasche Bombardino. Sie hatten sich schon was eingeschenkt. «Möchten Sie auch?»

«Später vielleicht.» Zeremoniell streifte ich weiße Handschuhe über, zog die Lupe hervor und inspizierte die Teller «Sarreguemines, 1880/1890», äußerte ich fachmännisch. Solche vagen Einordnungen hatte ich von den Experten im Fernsehen erlernt. «Der sechste Teller hat einen kleinen Chip am unteren Rand, und dieser hier hat einen bis zur Mitte durchlaufenden Sprung. Wussten Sie das?» Sie nickten und schlürften den dottergelben Likör.

«Die Ränder etwas bestoßen», äußerte ich, «aber das ist altersgemäß.»

Die Frau hatte schon eine Weile herumgedruckst. Nun puffte sie ihren Mann in die Rippen. «Seien Sie jetzt mal ehrlich», sagte sie und sah mich herausfordernd an. Der Mann brachte ein Schnaufen heraus. Jetzt mal ehrlich? Bislang war ich mir nicht unehrlich vorgekommen. Das änderte sich. Denn sie platzte heraus: «Sie kommen von *Bares für Rares!*»

Erst war ich verwirrt. Dann skeptisch. Schließlich geschmeichelt.

«Wissen Sie, woran wir das gemerkt haben?», gluckste sie. Ich wusste es nicht. Sie zählte die Indizien auf: meinen fachmännischen Wortgebrauch, das präzise Hinschauen, die weißen Handschuhe, die feine Lupe, das diskrete Auftreten. Es klang alles ehrbar.

«Na gut», lächelte ich, «dann gebe ich es zu.» Was für eine Wendung!

«Siehst du», pufte sie ihren Mann. Er hatte keinen Ton von sich gegeben.

«Aber bitte!» Ich hob im Expertenmodus die Hände. «Bitte versprechen Sie sich nicht zu viel. Ich nehme die Teller gern mit. Sie bekommen ein Gutachten. Wir zahlen dann die Anfahrt, wir zahlen die Übernachtung in einem exzellenten Hotel, und dann müssen Sie nur noch gute Laune mitbringen!» Die beiden sahen einander an, sie triumphierend, er um ein Lächeln bemüht. «Und ich glaube, die gute Laune, die fällt Ihnen beiden nicht schwer!»

Mir zumindest fiel sie jetzt leicht. Endlich konnte ich mit den beiden anstoßen. Sie hatten mich mit einer Geschäftsidee beschenkt. Die Frau stemmte sich vom Sofa hoch. Zu viel von dem mit Rum und Whisky aufgemischten Eierlikör. «Und haben Sie die da gesehen?» Sie wies auf eine Konsole in einer Ecke des dämmrigen Nebenzimmers. Da thronte eine Prunkvase mit Blumendekor und vergoldeten Henkeln in Greifenform, feist und behäbig und alt. Ich schaute vorsichtig unter den Fuß: Zeptermarke, kein Meißen, doch immerhin KPM. «Wir versuchen es», versprach ich. «Ich nehme sie mit.»

«Sagen Sie mal», lallte die Frau, «und wie ist Horst Lichter so?»

«Oh, der Horst! Das ist ein ganz, ganz Lieber», versicherte ich. «Ein herzensguter Kerl, hilfsbereit, unterstützend und immer noch Kavalier. Ich soll Sie beide grüßen, er freut sich darauf, Sie so bald wie möglich im Studio zu treffen.»

Der Gatte schnaufte. Er schaffte es nicht vom Sofa hoch, als ich mich verabschiedete. Alle Onkel müssen vergehen; die Tanten lächeln und bleiben.

Für meine eigenen Tanten besaß ich jetzt würdige Geschenke. Bisher hatte ich immer nur eigene signierte Bücher überreicht. Nun würde es ein wenig Glanz und Gloria geben. Die KPM-Vase bekäme Tante Uschi; sie hegte Sympathien für versunkene Kaiser und Könige. Für Renate waren die Teller. Für Patentante Anke brauchte ich noch etwas. Doch die Akquise schien nicht so schwierig zu sein.

Plagte mich auf dem Heimweg ein schlechtes Gewissen? Doch, ja. Es plagte mich, und es plagt mich zuweilen noch heute. Andererseits hatte ich das Ehepaar von Staubfängern befreit, so wie ich Tante Anke von ihrem welken Ölbild befreien würde. Und was erleichternd hinzukam: Die beiden waren im öffentlichen Dienst beschäftigt gewesen. Sie hatten in den Coronajahren nichts zu leiden gehabt. In der endlosen Kette der Lockdowns, in denen uns freien Künstlern die Lesungen, Konzerte und Auftritte verboten wurden, hatten die staatlichen Angestellten und Pensionäre schnarchend und ohne Abzug ihre Gehälter eingestrichen, Monat für Monat, sicher und satt, derweil wir die Grätsche machten.

War ich nicht ein bisschen wie Robin Hood? Aber ja! In seiner zeitgemäßen Rolle als *Bares-für-Rares*-Akquisiteur! Am folgenden Tag ließ ich das Emblem der Sendung vom nahen anatolischen Schneider als Aufnäher anfertigen, gleich in mehreren Exemplaren. Dem stillen Mann gelangen authentische Meisterstücke. Mein Spiegelbild lächelte mich ebenso seriös wie sachverständig an. Ich war glaubwürdiger Kundschafter der *Rares*-Redaktion. Für sie, oder zumindest sie ehrend, begab ich mich nun auf Reisen. Viel Zeit bis Weihnachten blieb nicht. Doch beim Abgrasen der Kleinanzeigen entwickelte ich rasch ein Gespür für auftrittswillige ältere Paare und beduselte Witwen. Ihnen allen konnte ich Auftritte für das Frühjahr zusichern. «Dann zeichnen wir die neue Staffel auf.»

Meine Frau wunderte sich über die wachsende Zahl von Schachteln, Kartons und Luftpolsterhüllen im Keller und auf dem Dachboden. «In diesem Jahr können wir endlich mal wieder feiern!», versprach ich. «Für meinen neuen Roman habe ich einen fantastischen Vorschuss ausgehandelt!» – «Ich wusste ja gar nicht, dass du einen Roman schreibst?»

Na schön, ich schrieb ihn nicht, noch nicht. Ich erlebte ihn zunächst einmal. Ich war in der Phase der Recherche. Als Rächer aller Freiberufler tourte ich durch die umgrünten Häuser der Saturierten. Auf meinen Streifzügen achtete ich streng darauf, dass nur öffentlich Bedienstete von ihren Sammlerstücken befreit wurden. Das war edel und gerecht und korrigierte die Schieflage des Sozialsystems. Ich nahm von denen, die zu viel besaßen, und verteilte es an die Bedürftigen. Bedürftig waren in erster Linie meine Familie und ich.

Eine Woche vor Weihnachten ließ ich zufrieden den Blick schweifen über eine Jugendstil-Tischleuchte, vier Steifftiere, eine Kommode aus dem Rokoko, Blechspielzeug der Kaiserzeit, ein beschnitztes Schnupftabakkästchen der Viktorianischen Ära, drei Käthe-Kruse-Puppen, eine ziselierte Karaffe mit Stopfen und Medaillons des Zaren Nikolaus, zwei Keramik-Bulldoggen von Émile Gallé, einen Stapel historischer Seidenkimonos, eine bronzene Tischuhr mit vergoldeten Blumenranken, sechs silberne

Platzteller sowie das Schwert eines Massai-Kriegers, das ich allerdings den Nachfahren des indigenen Schöpfers bald zurückzuerstatten plante. Alles andere sollten Geschenke sein.

«Das ist endlich mal originell!», erklärte ich meiner Frau, die diese Anschaffungen mit einem bedauerlichen Mangel an Begeisterung zur Kenntnis nahm. «Nichts davon», setzte ich nach, «bekommst du bei Amazon!»

Das musste sie zugeben. Doch schien sie das meiste für überflüssigen Plunder zu halten. Das war ein Irrtum. «Unsere Zeit nötigt uns, in inflationsbeständige Werte zu investieren! Das kannst du auch mal deinen Kindern erklären.» Sie nickte, ohne überzeugt zu wirken, und nahm die Steifftiere, die Bulldoggen und leider auch das Blechspielzeug mit.

«Und die Seidenkimonos?», fragte ich.

«Mit denen kannst du deine Tanten glücklich machen!»

Das klang abschätzig. Aber die Idee war gut. Meine Tanten gehörten zur Generation der Haiku-Dichterinnen und Zen-Adepten. Nun sollte es also für jede einen Kimono geben plus die Teller für Renate und die königliche Vase für Uschi. Für Tante Anke wählte ich in spontaner Planänderung das Massai-Schwert. Mir war in Erinnerung gekommen, dass sie einst ein Buch namens *Die weiße Massai* geschätzt hatte und dass sie, als ihr Mann schwächlich wurde, gerne einen afrikanischen Flüchtling aufgenommen hätte. Kulturelle Aneignung war ihr jedenfalls nicht fremd. Das Kulturmuseum in Nairobi müsste warten. Vielleicht verfügte es eh schon über eine ausreichende Anzahl schartiger Schwerter.

Das Fest wurde zum beglückenden Erfolg. «Dietmar, hast du etwa diesmal nichts Neues geschrieben?», freuten sich die Tanten, als sie zur Abwechslung mal keine Bücher auspacken mussten. Ihre Begeisterung war aufrichtig. Renate untersuchte die Teller mit der Pedanterie einer knickrigen Sammlerin. Uschi streichelte liebkosend die bauchige Vase und fuhr mit den Fingerspitzen die Konturen der Greifenhenkel nach. «Das ist ein Schinkelentwurf!», meinte sie.

«Aber, Dietmar, was sollen wir dir denn schenken?» Bisher hatten sie immer nur verweste Pralinen überreicht. «Wenn ich einfach mal ein Wochenende in deiner Wohnung am Meer wohnen dürfte, Tante Renate», sagte ich treuherzig. «Oder, Uschi, wenn ich den SEL einfach mal um den Block fahren dürfte. So was, in der Richtung. Und Tante Anke ...»

Aber Tante Anke hatte gerade den Kimono übergeworfen. Jetzt setzte sie eine martialische Miene auf und stellte sich schulterbreit vor den umschnörkelten Spiegel. Sie korrigierte den Stand, die Knie leicht gebeugt, den Oberkörper gerade, stieß einen markigen Schrei aus und ließ das Schwert durch die Luft sausen. Die beiden anderen klatschten.

«Tante Anke», staunte ich, «du bist eine Schwertkämpferin!» Sie sah aus wie eine geriatrische Version von *Tiger and Dragon*. «So könntest du mühelos Einbrecher in die Flucht schlagen!» – «Allerdings!», lachte sie. «Aber, Einbrecher, was sollten die schon bei mir holen!»

Ach, da fiel mir was ein. Nur kurz hatte ich einen Blick ins Schlafzimmer geworfen. Die obskure Rolle lag unberührt unter neuen Staubschichten. Tante Anke hatte vierzig Millionen Euro auf dem Schrank.

«Dietmar», sagte sie, «was wünschst du dir von mir?»

Ich gab mich bescheiden. «Ach, nichts Besonderes. Irgendwas, was du nicht mehr brauchst, was vielleicht nur Staub ansammelt und Platz wegnimmt.»

«So was habe ich nicht!», trompetete sie. «Aber du erbst ja alles, wenn ich nicht mehr bin!»

«Anke, sag doch nicht so was!», fiel ich ein. «Auf unser aller Gesundheit und Leben!»

Die Tanten hoben die Gläser. Uschi hatte eine Flasche *Schwarzer Kater* gespendet, einen Likör, von dem ich gedacht hatte, er sei längst verboten. Hoffentlich war die Wirkung erträglich. Auf meinen Beschaffungsreisen hatte ich eine Trinkfestigkeit erworben. Fast alle Pensionäre und Rentnerehepaare, vor allem ledige Lehrerinnen, besaßen ein buntes Arsenal entspannender Flüssigkeiten. Und alle betrachteten es als Ehre, mit dem Treuhänder von *Bares für Rares* anzustoßen. Und so erklangen die Gläser auch jetzt. Wir feierten angeheitert und stimmten Lieder an, von denen die Tanten noch alle Strophen kannten. Wir schlürften und süffelten und glaubten noch vor Mitternacht ganz fest an das Christkind und an ein ewiges Leben.

Das Leben währt ewig. Die Laufbahn des Einzelnen nicht. Einige Monate nach Weihnachten entdeckte ich unbehagliche Überschriften wie «Polizei warnt vor *Bares-für-Rares*-Betrug» und «Abzocke durch falsche Mitarbeiter». Die Darstellung war falsch und verunglimpfend. Offenbar hatten einige der von mir Besuchten vergeblich auf eine Einladung in die Sendung gewartet. Auch war wohl nie eine Expertise bei ihnen eingetroffen. Das tat mir leid, aber so liefen Castings nun mal. Obendrein hatte ich nur Leute von Plunder befreit, die überreichlich davon in der Wohnung hatten. Ich hatte im Sinne von Marie Kondo und ihrem befreienden Aufräumen gehandelt.

**Lallende Tanten überall**

Die diskriminierenden Berichte erschienen nicht in den großen News-Portalen, aber auf Klatsch- und Leute-Seiten und in Print vermutlich in billigen Boulevardblättern. Einer meiner Freunde, ein Dramatiker, der sich nach Schließung der Theater mit Kollegen auf den Enkeltrick spezialisiert hatte, gab mir einen tröstlichen Rat: «Du machst ein halbes Jahr Pause, dann ist alles vergessen, und du startest neu durch.»

So war es. Die Ruhe trat schon nach wenigen Wochen ein. Doch ich wartete bis in den Oktober. Schließlich ging es um Weihnachtsgeschenke, vor allem für Tante Anke, und um das Geschenk, das sie mir schuldete. Bei den ersten Kundenkontakten nach der Zwangspause war ich nervös. Wie im Jahr zuvor folgte ich den Kleinanzeigen, präsentierte mich als privaten Sammler und ließ wie versehentlich das *Bares-für-Rares*-Emblem sichtbar werden. Nicht ein einziger der Besuchten ließ Argwohn erkennen. Das Vergnügen war stets beiderseitig. Hoch die Gläser! «Die nächste Staffel zeichnen wir im März auf, Sie werden benachrichtigt.» – «Und wie ist Horst Lichter so?»

Am 1. Advent meines zweiten und leider letzten Erfolgsjahres überblickte ich eine Barockkommode, drei silberne Teedosen, einen Rokoko-Spiegel mit Vogelbekrönung, zwei Tischleuchten von Scarpa, ein Bronzegefäß der Yuan-Dynastie, blumenbemalte Empire-Krüge, marmorne Urnenvasen Napoleons III., einen Tischglobus der Goethezeit, kristallene Lampenfüße mit Schwanenmotiv von Lalique, eine Likör-Karaffe in Form einer Ente mit silbernem Kopf, eine Deckelterrine vom Hof Katharinas der Großen und Besteck für vier Personen von Cartier. Ich hatte begonnen, derlei Dinge zu lieben. Längst war ich zum Fachmann gereift. Ich hätte mich als Experte bei *Bares für Rares* bewerben können. Es fehlten nur die honorig angefertigten Referenzen.

Mein heiterer Übermut wurde schmerzlich gestört, als meine Frau mit ihrer Weihnachtsfrisur von *Klön und Fön* kam. Beim Blättern in einer Illustrierten hatte sie jäh innegehalten und dann die Seite herausgerissen. Den Fetzen hielt sie mir hin: «Bist du das?» Es war kein Foto zu sehen. Doch es gab Text. Und der war abstoßend. «Wie kannst du so was überhaupt denken!», rief ich, vielleicht zu heftig. Im selben Augenblick war klar, dass Schluss sein musste. Karl May wird das Wort zugeschrieben: Jeder halbwegs Intelligente kann andere beschwindeln, aber nur ein Weiser kann rechtzeitig aufhören. Dieser Weise war ich.

«Tut mir leid», beschwichtigte meine Frau, «es war so ein Gefühl; es schien alles zu passen.» Ganz falsch war das ja auch nicht. «Was für ein Schund!», fiel mir nur ein. Damit waren ihre Bedenken noch nicht fortgefegt. «All diese Antiquitäten, die da erwähnt sind», wandte sie ein. Aber nun war ich tatsächlich beleidigt: «Meinst du im Ernst, ich würde mich *Trödelprinz* nennen?» Denn davon war die Rede.

Jede große Idee hat Nachahmer, und das schöpferische Genie muss damit leben, dass die Epigonen zweitklassig sind. Dem Artikel zufolge machte weiter östlich, in einem anderen Bundesland, ein Mann von sich reden, der mit dem eingestickten Schriftzug *Trödelprinz* im Namen von *Bares für Rares* alte Ehepaare betrog – um seltene Bierkrüge, Hummelfiguren, Bilder, Uhren und Schmuck. Offenkundig ein Schwindler, ein Scharlatan. Die bloße Vorstellung von seiner Tätigkeit peinigte mich. Ganz kurz flammte der Gedanke auf, ich könnte Kontakt zu ihm aufnehmen, um die Regionen aufzuteilen. Aber fort mit solchen

Ideen! Dieses Weihnachtsfest musste das Ende meines Robin-Hood-Heldentums bedeuten. Lediglich der eine Coup stand noch bevor.

«Ich habe dir doch gesagt, dass ich den Vorschuss inflationsbeständig in Antiquitäten angelegt habe», versicherte ich meiner Frau und versuchte zu scherzen: «Ich trödele manchmal, aber ich bin kein Prinz.»

Meine Frau, zumindest oberflächlich beruhigt, reiste zu ihren Kindern mit dem Cartier-Besteck, den Scarpa-Tischleuchten und dem zweihundertjährigen Globus. Ich stapfte die knarrenden Treppenstufen hinauf in die Beletage von Tante Anke. Es lief alles ab wie zuvor. Nur war ich missgestimmt. «Nächstes Jahr gibt's wieder Bücher, ihr Lieben», teilte ich den Tanten mit. «Ich schreibe gerade eines. Aber in diesem Jahr habe ich noch mal echte Geschenke!»

Für Renate hatte ich die Empire-Lampen ausgewählt; wir schalteten sie gleich ein. Für Uschi die gläserne Enten-Karaffe mit Silberschnabel; wir befüllten sie mit *Schwarzer Kater*. Und meine Tante Anke bekam den umschnörkelten Rokoko-Spiegel mit dem Dekor eines goldenen Vogels als Krone. Dass sie Spiegel liebte, hatte ich an ihrer Schwertkampf-Vorführung bemerkt. Nach ihrer Weisung befestigte ich ihn an der Wand, wo im vergangenen Jahr noch der Holzschnittkalender meiner Frau gehangen hatte. Nun hingen die Spiegel einander gegenüber. Einen Augenblick sah ich mich bestürzend vervielfältigt, wie als Kind im Klappspiegel meiner Eltern. Ich hob das Glas, viele Gläser hoben sich, ein vielfach verwirrter Herr prostete mir zu.

In diesem Jahr musste ich mehr trinken, um meine Laune auf ein erträgliches Level zu liften. «Dietmar will uns unter den Tisch saufen!», kicherte Tante Uschi. «Das dürfen wir nicht zulassen!», rief Tante Renate. «Er wirkt melancholisch», stellte Tante Anke fest.

«Pass auf, mein Lieber», lächelte Uschi. «Ich habe mir überlegt, du darfst im kommenden Jahr mal mit dem Oldtimer ausfahren, an einem schönen Wochenende im Sommer.» Ich strengte mich zu dankbarer Freude an. «Und dann», fügte Renate hinzu, «fährst du an die See und wohnst ein Wochenende in meiner Wohnung. Das haben wir uns so überlegt.» Ich dankte sehr. Das waren nur Kostproben.

«Ich glaube, er will was erben», bemerkte meine Patentante.

«Oh Gott, nein!», beeilte ich mich. «Wo denkst du hin! Im Gegenteil, ich stelle mir immer vor, wie ihr trauernd an meinem Grab steht! Das ist meine Freude!»

«Nun sei mal ehrlich», bestätigte Tante Anke. «Was möchtest du von mir? Siehst du hier irgendwas in der Wohnung? Ist ja alles alter Plunder.»

Ich tat so, als müsste ich den Blick schweifen lassen. «Ich fände es schön, wenn das alles hier so bleibt, Tante Anke, es gehört zu dir.» Sie lächelte milde. «Ach», fiel mir ein, «jetzt erinnere ich mich gerade, auf dem großen Schlafzimmerschrank, da liegt doch so ein Teppich.»

«Teppich?»

«Ja, eingerollt in Zeitungspapier.»

«Er meint das Bild», sekundierte Tante Uschi.

«Das große hässliche», fiel Renate ein.

«Der staubige alte Schinken?», rief Tante Anke. «Oh Gott, Dietmar!»

«Ach so, ein Bild ist das?», staunte ich möglichst glaubwürdig.

«Ja, das hat Peters Vater mal konfisziert, weil es so schrecklich war», sagte Tante Anke.

«Davon würde ich dich gern befreien.»

Tante Anke erhob sich, schwankte die paar Schritte zur Schlafzimmertür und stieß sie auf. «Bitte sehr!»

Ich stemmte mich aus dem Sessel hoch und torkelte ihr nach.

«Er hat zu viel getrunken», stellte Uschi fest

«Er hat sich im Spiegel gesehen», ahnte Renate.

Ich starrte ins dunkle Schlafzimmer. «Das Teil könnte ich heute gleich mitnehmen.»

Tante Anke schaltete das Licht ein. «Das brauchst du nicht mehr!», triumphierte sie.

«Dreimal schwarzer Kater!», rief Renate von hinten.

«Ist das irre!», hörte ich Uschi schreien. «Kommt mal her, zwischen die Spiegel!»

«Wo ist das Bild?», flüsterte ich auf dem Weg in die Umnachtung.

Anke machte das Licht wieder aus und zog mich zurück ins Wohnzimmer. «Da war einer hier, Schrottkönig oder so, der hat es entsorgt.»

«Zwischen die Spiegel!», schrie Uschi. Renate kreischte. Die beiden waren betrunken.

«Trödelprinz?», brachte ich hervor.

«Oder so, ja», sagte Tante Anke leichthin, «ein ganz Lieber, ja, Trödelprinz, so nannte der sich!» Sie zerrte mich auf die unsichtbare Achse zwischen die Spiegel. Und da standen wir denn, wir vier, benebelt und kaum mehr zurechnungsfähig, und mussten uns aneinander festhalten. Links im Spiegel unendliche Tanten, unendliche Tanten auch rechts, dazwischen meine ins Unkenntliche verschwimmende Visage.

«Christkind, schau auf diese Schar!», rief Tante Anke pathetisch, und alle streckten die Gläser gen Himmel oder wenigstens gen Zimmerdecke, auch ich, es war eh ohne Sinn. Mochte alles vergehen, ich sah mich nicht mehr, es gab mich nicht mehr, nur lallende Tanten überall.

# Die Autorinnen und Autoren

**Claudia Brendler** lebt und arbeitet als freie Autorin, Musikerin und Comedienne im Taunus. Bisher erschienen sieben Romane. Außerdem veröffentlicht sie Kurzprosa, schreibt für die Bühne und ist mit musikalischen Lesungen auf Tour, unter anderem mit der finnischen Tangoband *Uusikuu* und dem gemeinsamen Projekt *Wanderlust*.

**Friederike von Bülow** lebt im Süden Hamburgs. Sie studierte Japanologie und volontierte bei einer niedersächsischen Tageszeitung. Sie arbeitet als freie Autorin und Coach. Seit dem Jahr 2020 schreibt sie außerdem als zertifizierte Übersetzerin Texte Leichter Sprache.

**Matthias Gretzschel**, geboren 1957, studierte Theologie. Mit seiner Familie ging er 1989 nach Hamburg. Er arbeitete lange als Redakteur beim *Hamburger Abendblatt* und ist Autor zahlreicher kulturgeschichtlicher Sachbücher, zuletzt *Peking – Schicksal und Wiedergeburt eines legendären Hamburger Segelschiffes*.

**Rainer Guzek**, geboren 1965, ist Hamburger. Er arbeitete als Radiomoderator und als Zeitungsredakteur für Sport und Regionales. Drei kurze Krimis veröffentlichte er in dem Band *Last Minute Morde*. Von seinem Hauptberuf als Hausmeister in einem Wohnkomplex erzählt er auf www.einhausblog.de

**Julia Hackober**, geboren 1990, lebt in Berlin. Sie arbeitet als Redakteurin bei *Iconist*, dem Lifestyle-Magazin der *Welt*, und moderiert den Podcast *The Real Word*. Außerdem bloggt sie auf juliahackober.com

**Larissa Hoppe**, geboren 1989, lebt in Berlin. Sie studierte Internationale Fachjournalistik an der Hochschule Bremen, war anschließend Absolventin der Axel Springer Akademie. Nach dem Abschluss arbeitete sie als Redakteurin für das Online-Ressort von *Bild Berlin*. Seit Januar 2019 ist sie stellvertretende Ressortleiterin Online bei *B.Z.* und *Bild Berlin*.

**Frederik Jötten** ist Biologe und Journalist. Er schreibt für *Die Zeit*, *NZZ am Sonntag* und *GEOkompakt*. Außerdem ist er Autor der Gesundheitskolumne «Wir machen uns mal frei» auf *Spiegel Online*.

**Viktoria Klimpfinger**, geboren 1993, lebt in Wien, wo sie Germanistik, Philosophie und Schauspiel studierte. Sie ist Chefredakteurin der österreichischen Online-Inspirationsplattform *1000things* und schreibt als Freelancerin für diverse Medien wie etwa die *Wiener Zeitung*.

**Käthe Lachmann**, bekannt als Komikerin, hat mehrere Romane, Geschenkbücher und erzählerische Sachbücher veröffentlicht, zuletzt *Wenn mich jemand sucht, ich befinde mich im Wandel*. Sie lebt mit ihrem Partner in Hamburg und feiert Weihnachten mit ihrem Vater.
www.kaethelachmann.de

**Helmut Maaß**, geboren in Pasewalk, hat sich von früh an mit dem eigenwilligen Wesen der Pommern beschäftigt. Er hat Bücher über sie verlegt und geschrieben. Zuletzt hat er ihnen in *Tod mit Aussicht* einen Kriminalfall gewidmet.

**Bettina Rolfes** stammt aus Steinfeld, Kreis Vechta, der Region mit der größten Hühnerdichte Europas. *Heckenrosen & Zahnpasta* hieß ihr erstes Buch, ein Gedichtband. Erotische Storys veröffentlichte sie unter dem Titel *Feuer fangen*. Als Dozentin für Kreatives Schreiben veröffentlichte sie den Ratgeber *Schreiben befreit*. www.writersroom.de

**Norbert Schnöde**, geboren 1960 in Frankfurt/Oder, war mehr als 20 Jahre Radiojournalist, schrieb Reportagen, Kurzhörspiele und Hörbücher. Er schuf die Radio-Comedy *Die Bürgels* und spielte in den zweitausend Folgen die Figuren alle selbst – im Radio und auf der Bühne. Er lebt in Berlin.

**Sören Sieg**, geboren 1966 in Elmshorn, studierte Musik und Soziologie in Hamburg und Bielefeld und lebte danach 25 Jahre als freier Sänger, Komponist und Schriftsteller in Hamburg. Er verweigerte jahrelang die Zahlung von Rundfunkgebühren und schrieb 2021 seine erste TV-Serie. Seit Juni 2021 lebt er in Warschau. www.soerensieg.de

**Marie Stadler**, geboren 1984, hat Italienische und Deutsche Literatur in Hamburg und Venedig studiert und lange Jahre beim Fernsehen gearbeitet. Heute lebt sie mit ihrem Mann und ihren Kindern vor den Toren Hamburgs und schreibt über ihr Leben als Vierfach-Mutter für die Onlineseiten der Zeitschriften *Eltern*, *Brigitte*, *Stern* und *Barbara*.

**Lea Streisand**, geboren 1979 in Berlin, studierte Neuere deutsche Literatur und Skandinavistik. Sie hat eine wöchentliche Hörkolumne auf radio eins und schreibt für die taz. Ihr aktueller Roman *Hätt' ich ein Kind* ist eine Geschichte von Adoption, Kinderkriegen und Schneewittchen und wurde vom Ullstein Verlag für den deutschen Buchpreis eingereicht.

**Stefanie von Wietersheim**, geboren 1970, hat in Passau und Tours Kulturwirtschaft studiert und ist gelernte Tageszeitungsjournalistin. Nach Jahren in Paris und Südfrankreich schreibt sie heute ihre Bücher und Artikel im Atelier eines einsamen Landhauses in Niedersachsen. Sie arbeitet für die *FAS* und produziert Podcasts.

**Sylvia Witt & Oliver Uschmann** schreiben gemeinsam Romane, Jugendliteratur und erzählende Sachbücher. Die Kölnerin ist Diplom-Designerin, Schriftstellerin, bildende Künstlerin, Programmiererin und leidenschaftlich Lernende. Der Niederrheiner ist Germanist, Schriftsteller, Journalist, Dozent und zielgerichtet Zerstreuter. Die Kulissen der Erfolgsreihe *Hartmut und ich* haben sie als Erlebnispark aufgebaut. www.hombrede.de